中国ODA 6兆円の闇

—誰のための、何のための「援助」なのか!?—

青木直人

祥伝社黄金文庫

「日本の中国援助・ODA」改題

まえがき

上海の浦東《ほとう》地区に新しい国際空港が完成したのは1999年10月のことだった。この空港の建設には、日本の第4次円借款から400億円が拠出された。だが、現地で、この事実を知る人はまったくいなかった。

空港関係者に聞いても、「我不知道《ウォ・プ・チ・タオ》（知らない）」という返事が戻ってくるばかりで、中には「日本人がそんなことをするわけがない」と断言する人までいた。いずれも2000年12月の現地での体験である。

日本の中国向けODA（政府開発援助）は2001年度までに総額3兆円に達した。これに日本輸出入銀行（現・国際協力銀行）の対中国資源ローン・3兆3000億円を加えると、すでに日本から中国に投じられた公的援助資金は6兆円を突破している。

日本はこの2カ国間援助以外にも、世界銀行やアジア開発銀行への拠出を通じて、中国に迂回《うかい》融資を実行もしている。

では、その結果はどうだったのか。中国は日本の厚意を多とし、ジャパンマネーが日中友好の実りを上げたのかというと、事実はまったく逆だった。

中国の一般国民は日本からの援助の事実を知らない一方で、政府は軍事大国路線を強め、反日感情を醸成《じょうせい》するのに熱心だった。何かというと「歴史カード」をちらつかせ、ODAにしても「もらって当然」といった高飛車な態度がうかがえる。

当然のように、これをみた日本人の中からは、「なぜ日本は中国にカネを出しつづけるのか」という疑問がまきおこっている。

一体何のための中国援助なのか。

軍事力をもたない日本にとって、ODAは唯一の外交カードだと外務省当局は言いつづけている。だが、1979年の第1次円借款と資源ローンの供与から、すでにほぼ25年。日中関係の現状をみれば、到底外交カードになっているとは言いがたい。

さらにODAの実態に関しても、国民はほとんどこれを知らない。

私はこの20年、多くのODAの現場を歩き、カネの流れの裏側をさんざん聞かされてきた。既得権益化している中国援助。そこに見え隠れする日中両国の政治家の姿。疑惑を決して報じない大手マスコミや議会政党。その実態はあまりにお粗末で、その闇《やみ》は想像以上に深い。私の印象は「腹立ちや怒りを超えて、もう笑うしかない」ということだった。

本書は2001年6月に発売された『日本の中国援助・ODA』をベースにして、大幅に改訂したものである。時間の経過は早い。古いデータを新しく差し替えただけでなく、ODAプロジェクトの進捗《しんちょく》に伴《ともな》って、追加とリライトを行なった。また読者から要望の多かった「政治家とODA」については、新しく書き下ろし、1章（「なぜ、日本がカネを出しつづけるのか」）と5章（「戦略か、利権か、ODAと政治家たち」）にまとめた。

いま中国でなにが起こっているのか。日本が打つべき手は何か。私のこのささやかなレポートが少しでも参考になれば、著者としてこれほどうれしいことはない。

平成15年8月吉日

青《あお》木《き》直《なお》人《と》

目次

まえがき　3

1章　なぜ、日本がカネを出しつづけるのか……11
——おもねり、へつらい、謎ばかりの日中関係

なぜ、ODAの実態が正しく伝わらないのか　12
江沢民《こうたくみん》の石碑を建てようとした政治家　15
〝改革派〟外相・田中真紀子《たなかまきこ》はどうだったか　21
真紀子外相が援助を決めた団体の正体　25
「援助」はまぎれもない政治献金だった　27
援助を受ける当事者がベンツで現われた　32

2章　103億円の惨状……37
——風俗営業の場と化した「日中友好」のシンボル

ODA施設内での風俗営業　38

何かにつけて口をつく日本批判　43
日本人と知ると態度を急変させたウェイトレス　46
湯船のお湯が、トイレから噴《ふ》き出す　53
「援助」が「共同投資」に改竄《かいざん》　55
中曽根康弘《なかそねやすひろ》と胡耀邦《こようほう》との「友好」のシンボル　58
日中を結ぶ三つの政治ルートの見えざる暗闘　60
一脚9万円の椅子《いす》、補修の資金は中国にはなし　62

3章　そもそも中国ODAとは何か?……67
——誰が、いつから、何のために

贈与、無償援助の実態　69
「円借款《えんしゃっかん》」は、相手国にとって返済の義務がある　71
日本のODA出資額は、今でも世界でトップクラス　73
日本のODAは、中国経済の生命線　78
円高による「円借款=高利貸し論」の台頭　83
中国援助に隠然たる力を有した竹下元首相　86

失政の埋め合わせを日本に求める中国の論理 87
「もらってやる」という態度は、どこから来るのか？ 90

4章 上海の冷たい雨
——上海環球金融センタービル建設をめぐる醜態……95
工事再開した巨大プロジェクトの裏事情とは 96
超高層ビル群の谷間に残る膨大な空き地 99
工事再開へ、先行する中国側の報道 104
上海前市長、辞任の真相とは 110
日本の情報敗戦が始まる 114

5章 戦略か、利権か、ODAと政治家たち
——日中の政治家たちの黒い思惑……121
中国政府中枢と日本の政治家とのパイプ 122
田中角栄の中国における戦略的成果 126
福田赳夫がアメリカに「邪魔者」呼ばわりされた理由 129

中曽根康弘の「援助」の実態　136
無償援助が合法的ワイロに堕する危険　143
父の死とともに失脚した三女　145
エネルギー支援プロジェクトを牛耳った男・李鵬全人代委員長　146
中国の市場経済を支えつづけた竹下登　154
聞こえてくるいやな噂　166

6章　中国は、日本のODAをどう見ているか？……171
――中国政府発行の本で、ついにわかった中国の本音

エリートでも、日本の援助を全然知らない　172
中国政府が、実態を国民に教えない理由　174
中国が出版した日本のODA解説本を発見　178
「得をしているのは日本も同じ」という論理　181
あまりにも子どもじみた中国の振る舞い　191
そしていよいよ持ち出される「歴史カード」　193
円借款は、中国経済にいかに寄与したか？　195

質量ともに、日本の中国援助は世界最高　197
「日本は協力すべきである」という物言い　199

7章　戦略なき日本のODAの今後
——外交カードとして有効活用するために

……207
新政権による新たなる対日関係の模索　209
尾を引く謝罪外交の後遺症　212
国際化に巻きこまれた中国経済の今後　217
「今後20年でGDP4倍」構想の真意　218
日本のODAに頼らざるをえない中国の現実　220
日本の援助を告知するのも日本の税金　224
もう笑うしかない日本の無策　225
いま見直すべきはODA4原則　228

図版製作　日本アートグラファー

1章　なぜ、日本がカネを出しつづけるのか

――おもねり、へつらい、謎ばかりの日中関係

なぜ、ODAの実態が正しく伝わらないのか

日本の中国向け援助が、1979年の供与開始以来、総額で6兆円を超えた。膨大な数字である。この対中国ODA（政府開発援助）が昨今、さまざまな論議を呼びはじめている。これほどの不景気で財政赤字が膨《ふく》れ上がる一方の日本が、なぜ中国にいつまでも援助を続けるのか。これが国民の最大の疑問である。

さらに、そんな疑問の火に油を注いだのが、中国人は日本のODAの供与の事実、それ自体を知らないという事実だった。さらにODAを知る数少ない中国人にしても、これを援助というよりも、一種の戦争賠償金だと受け止めているという実態も伝わってきた。

1972年（昭和47年）の日中国交正常化の際、当時の中国の周恩来《しゅうおんらい》総理は、日本との国交回復に当たっては、戦争賠償金の請求権を放棄すると言明し、それは調印された日中共同声明にも明記された。第五項にある『中華人民共和国政府は、中日両国国民の友好のために、日本国に対する戦争賠償金の請求を放棄することを宣言する』がそれである。

これを見ても、日本の中国向けODAは、戦争賠償金ではないはずなのである。

だが、紙に書かれた言葉と中国人のホンネはちがう。

日中共同声明に調印した当事者は、日本の田中角栄《たなかかくえい》首相と大平正芳《おおひらまさよし》外相、中国サイドは

周恩来総理と姫鵬飛《きほうひ》外相だった。

中国側の立役者周恩来は、いまでも中国国内でダントツの人気を誇る。だが、その周にして、賠償金請求の放棄は、文化大革命中における中間的態度と並んで、彼の経歴中の一大汚点と指摘する声が中国国内に少なくないのである。彼を「漢奸《かんかん》」（民族の裏切り者）と揶揄《やゆ》する発言も聞こえる。

共産党最高指導者の子弟の一人は私に対して、「周は日本では、ことのほか人気がありますね」と皮肉り、祖父が日中戦争の当事者で、日本の教科書にも名前の載《の》っているある女性などは「日本人は周総理に感謝しなければなりません」とからかった。

そうした現実の一方で、２０００年には中国は我が国ＯＤＡの第3位の受取国となっている。支出純額でいうと95年から98年までが第1位、99年が第2位である。中国にとっては日本が世界最大の援助国で、２０００年には61・2％ものシェアを占める。

こうしたＯＤＡの現実が、これまで日本で国民に広く知られなかったのには、いくつかの理由がある。

まず最初にあげられるのが、マスコミ報道の少なさである。日本のメディアは、中国の「悪口」や否定的な報道をしないといわれる。ほぼ事実である。なかでもＯＤＡについては、産経新聞の古森義久前中国総局長を例外にして、ちゃんとフォローしている記者はいないのが現実である。

逆に私個人の例をあげると、天安門事件と日本のODAの関わりについて、総合誌にレポートしたことがあったが、この記事が日本有数の大新聞A社の北京支局長の目に触れ、たいへんな怒りをかったことがあった。

「このような日中友好に反する記事を書くべきではない」。これが彼からのクレームだった。この支局長は中国政府とは極めて良好な関係で、共産党宣伝部が関与している日本向け月刊PR誌「人民中国」や、中日友好協会などの講演にも頻繁《ひんぱん》にスピーカーとして顔を出していた。彼はこの時期に築いた人脈を活用して、今では某国立大学の教授に転身している。

取材対象との癒着《ゆちゃく》は、彼だけの特別なケースではない。記者個人が中国サイドに取り込まれている現実。これを見れば、ODAがらみのまずい内幕が読者の前に明らかにされることは期待できないのも道理である。もちろん、やる気も志《こころざし》もある優秀な記者はいる。しかし数少ない駐在スタッフで毎日のニュースをひろい、東京の本社に送って、さらに独自の取材を、というのは現実には困難のようである。

現場だけではない。本社の経営トップにも、中国に駐在員を派遣しており、トラブルになれば外交問題にもなりかねないという政治的判断から、事実の報道にブレーキをかける人物もいる。その結果、中国がらみの報道は、とかく隔靴掻痒《かっかそうよう》になりがちなのである。

読者に知っておいてほしいのは、日本の大手メディアがフィリピンのマルコス汚職や、インドネシアのスハルト疑惑を大々的に書き立てることはあっても、中国政府要人の関与するODAを活字にすることはまずないということだ。

中国の最高指導者の疑惑に手がつけられたことはこれまで一度もない。日本人の血税・ODAに関わるモノであっても、だ。糾弾の対象は大国・中国に向かうことはなく、〝正義のペン〟の鉾先《ほこさき》はあくまで、小国の独裁者に限定されている。

江沢民《こうたくみん》の石碑を建てようとした政治家

腰が引けているのは、マスコミに限らない。疑惑を追及すべき議会・政党はもっとひどい。まず、野党が取り上げない。なかでも社民党（土井《どい》たか子党首）、共産党（志位和夫《しいかずお》委員長）がひどい。いずれも中国共産党と長い友党関係にあるためで、文革中、一時関係断絶状態だった共産党も先ごろ関係を復活し、中国問題に関しては、目立った追求も質問も見当たらない。これが北方領土やインドネシアへの援助となると、とたんに事情が変わる。

これまで野党で、ODA問題を取り上げたのは民主党（菅直人《かんなおと》代表）や自由党（小沢一郎《おざわいちろう》党首）など野党の一部と自民党の少数の議員で、与党の自民党（小泉純一郎《こいずみじゅんいちろう》総裁）や公明党（神崎武法《かんざきたけのり》代表）、それに保守新党（熊谷弘《くまがいひろし》代表）はほとんどノータッチである。

自民党は、田中角栄首相以来の中国との太いパイプをもつ橋本《はしもと》派・経政会が最大派閥に君臨しているし、公明党は支持母体の創価学会が国交正常化の前から、中国とのつながりが深いという事情がある。

政治家たちは疑惑を封印するばかりではない。露骨なまでに、中国政権におもねる人物も現われている。二階俊博《にかいとしひろ》保守新党幹事長（元運輸大臣）など、その最高の見本なのである。

二階議員がやろうとしたのは、江沢民《こうたくみん》国家主席（当時）の題辞を刻んだ石碑を建立しようという「友好事業」だった。石碑は「日中正常化三十周年」の記念事業として、昨年（2002年＝平成14年）、二階氏の地元、和歌山県の田辺《たなべ》市内の総合公園に建設される予定だった。碑面には、江主席の「登高望遠　睦隣友好」の文字と、彼の講話が刻まれることになっていた。

講話は「日中友好は最終的には両国国民の友好である。国交正常化であれ、あるいはその後の両国関係の発展であれ、民間友好は極めて重要な役割を果たしてきた」という内容だった。だが、この講話なるもの、実は2000年（平成12年）5月に、ほかならぬ二階代議士が運輸大臣として中国を訪問したときに江沢民主席から聞いた話そのものなのである。

ましてや、この訪中は、5200人もの「日中文化観光交流使節団」（会長・平山郁夫《ひらやまいくお》日中友好協会会長、顧問・二階俊博運輸大臣）を率いてのもので、江沢民との会見の実態は「両国関係の悪化に危機感を高めた日本と中国政治家のやらせ会見」（日中関係筋）だったというのである。

一政治家の功名心を動機にした江沢民石碑なるものが、日本と中国との友好に役立つとは、到底考えられない。

江沢民が「日中友好」に果たした役割とは

中国指導者の石碑というと、亡き周恩来総理の京都嵐山《あらしやま》にある記念碑が有名である。

だが、周の場合は、彼が青年時代に日本に留学した体験をもっていて、72年の関係正常化の際の当事者でもあること、さらに生前、彼が会見した海外からの訪問者のうち、一番多かったのが日本人であったことから日本の政財文化界に多くの友人を持っていたという経緯もある。これなら石碑建立も不自然ではない。

だが、江沢民は周恩来とちがって、日本人に人気のある政治家ではない。彼は92年に共産党総書記の肩書きで、初めて日本を訪問しているが、その際「国家レベルでの戦争賠償権は放棄したが、個人の請求権は消滅していない」と初めて公言した中国の指導者である。江の発言をうけたかのように、この年の暮れ、韓国についで中国から初めて「従軍慰安婦」が現われている。

同年2月、中国は領海法を制定、そのなかで尖閣《せんかく》諸島（＝中国名・釣魚台諸島）は中国の領土であると明記した。これには軍事委員会の主席であった江沢民の意向が反映しているると、軍事関係筋は声をそろえて指摘する。

なぜこの問題が大事かというと、中国はそれまで、日本の自国領との主張に対して、領有権は「棚上げ」と主張してきていたからだ。

江は日中間の暗黙のタブーだった「賠償金」と「尖閣諸島」に手をつけたのである。江の日本嫌いは、彼の義父が抗日戦争の際に殺されていることが理由だといわれているが、かりにそれが事実なら、個人的体験と国家間の関係を混同するものだろう。まだある。98年アメリカのクリントン大統領が中国を訪問した。このとき、合衆国の最高指導者は、極めて異例なことに、行きも帰りも、日本上空を通過していない。クリントンはアラスカ経由で、米国と中国を往復している。

この「日本パッシング」（日本素通り）。実は江沢民の強力な要請だったという。逆に直後に実現した江の来日は、日本の外務省関係者が「史上最低の訪日」と総括したほど、ひどいものだった。日本で、江沢民はクリントンを迎えたときのこぼれるような笑顔を一切見せなかった。

行く先々で彼の口から出た言葉は「(中国を侵略した）日本の過去の反省と教訓」というものだった。なかでも日本国民に不快感を与えたのが、天皇の歓迎宴でのパフォーマンスだった。

中山服（人民服）に身をつつんだ江沢民は、延々と日本軍国主義の中国侵略の過去を非難しはじめたのである。過去といえば、隣りにすわる天皇の父親に関するテーマである。こうした場所にふさわしい内容とは思えない。だが、彼は演説をやめようとはしなかった。

日本人に最悪の印象を与えた江沢民訪日。だがこのときですら、日本からODAの供与、3900億円が約束され、当時の小渕《おぶち》首相の提唱した「小渕基金」(100億円)なる中国援助が別枠で実行されたのだった。日本人で彼に好意を感じている人間はまずいまい。

二階代議士が郷里の和歌山に、地元の商工会議所を中心に「建設実行委員会を設立して、3000万円の寄付を集め」(紀伊民報)て記念碑を建設しようとしたのは、これほどの親米反日の中国人指導者だったのだ。彼が江沢民主席にアドバイスすべきは、日本人の誰ひとり喜びもしない記念碑を立てることではなく、戦争責任の問題はすでに両国間で終了しており、日本は世界に突出して、中国に援助している国であり、いかなる意味でも軍国主義とは無関係であるという現実の姿ではなかったのか。

反日政治家・江沢民の講話を刻んだ石碑の建立が日中正常化30周年のイベントになりうると判断したのなら、日本の政治家として、その政治的センスを疑われてもしょうがない。

〝改革派〟外相・田中真紀子《たなかまきこ》はどうだったか

二階氏に限らず媚中派政治家には、国益という視点はほとんど感じられない。マスコミ、議会、政治家、残念ながら、中国にはおもねり、腰のひけた対応ばかりである。国交正常化から30年。日本国中、一木一草に至るまで欺瞞《ぎまん》の日中友好がしみこんでいる。友好の裏にあるのは、各界の既得権益である。

だが、昨今の中国に対する国民感情の悪化と正当なナショナリズムの噴出によって、中国に対する姿勢にも、徐々に変化が見られてきたのも事実である。中国に対しても言うべきは言うという姿勢が少しずつではあるが、表面に表われはじめている。

だが、まだまだ過大な幻想は禁物である。それを証明したのが、外務省の機構改革とODA見直しを公約にして登場した田中真紀子前外相の蹉跌《さてつ》だった。中国も例外ではなかった。

彼女は父親田中角栄の政治的功績で、中国との関係は浅くない。だが、これまで日本の対中国「利権」を牛耳っていたのは、仇敵《きゆうてき》の橋本派・経政会グループでもあった。

そう考えれば、彼女ほど、疑惑まみれの中国ODAの闇《やみ》に切り込むにふさわしい人物はいなかったはずだ。だが、長くはなかった真紀子の外相の足跡を辿《たど》ってみると、「改革派」

田中外相も、こと中国に関しては、旧来のスタイルを踏襲するだけで、改革には手をつけていない。

逆に、彼女もまた、恨み骨髄のはずの竹下登《たけしたのぼる》元首相たち旧経政会政治家と同じように、自分と近い中国の人脈に日本のカネをばら撒《ま》いているだけなのである。

真紀子の『古い友人』

1984年に始まる第2次ODAの案件のなかに、ある無償援助があった。対象プロジェクトは、中国における身体障害者団体の総元締めである中国身体障害者連合会の本部施設として、北京に建設された「中国肢体障害者リハビリテーション研究センター」である。供与金額は85、86年の2年間で計33億8000万円になる。中国政府も建設資金として1600万元（当時は1元＝103円。計16億4800万円）の支援を行なっている。88年12月28日、建物は完成し、落成の日を迎えた。センターは、これ以後、現在（＝2003年）にいたるまで、ほぼ20年間日本からの無償援助を受けつづけている。

連合会トップの人物の名前を鄧樸方《とうぼくほう》という。彼は亡き鄧小平《しょうへい》中央軍事委員会主席の長男にあたる。84年に連合会が生まれてから、樸方は会の代表として、世界中を駆け回り、

「中国の皇太子」鄧樸方《とうぼくほう》

鄧小平の長男。文革のテロで身体障害者となり、以後、その方面で活発な活動を展開。日本のODAとも深くかかわった。写真は、国連を訪れたときのもの。

多くの人脈を築いてきた。そのなかには、カーター元米国大統領やサッチャー英国首相（当時）といった各国のトップクラスのVIPもいる。

もちろん、このなかに日本人も少なくない。そのひとりが田中角栄元首相の長女・真紀子前外相だった。

外相就任まで、真紀子は2度中国を訪問している。最初は92年の正常化20周年の時。85年に脳溢血《のういっけつ》に倒れてから車椅子《くるまいす》生活を余儀なくされていた父親・角栄を伴っての訪中だった。

2度目の訪問は国会議員に就任してからのことで、村山《むらやま》政権の科学技術庁長官時代だった。北京で開催された国際婦人デーへの参加が目的である（95年）。

3度目が2001年の待望の外相としての訪問である。このとき、真紀子は旧知の古い友人と再会している。新聞記事から紹介しておこう。

「田中真紀子外相は父親の田中角栄以来の交流がある故鄧小平氏の長男・樸方・中国身体障害者連合会主席（57）と会談。……その中で、北京はすごく活気にあふれていて感動しました、と6年ぶりの訪問の感想を述べた」

「田中外相は去り際、車椅子の樸方氏を抱きかかえて涙を流した」。真紀子は高揚していた。

真紀子外相が援助を決めた団体の正体

田中前外相が中国身体障害者連合会の鄧樸方主席と初めて会ったのは、前出の支援プロジェクトが、田中角栄の後押しで建設が決まったという経緯があったからである。

そうした事情から、病身の角栄が92年に中国を訪れた際には、真紀子は父と共に、鄧樸方と会談している。このとき田中家から連合会に対して、50台の車椅子がカンパされている。

それ以来、年齢が近いこともあって、ふたりは旧知の友人同士になっていった。一昨年5月の外相としての初めての中国訪問。訪問期間中、真紀子は自分のほうから鄧樸方にコンタクトをとり、検討中のままにされていた連合会の援助案件に対して事実上、決定のゴーサインを出した。

そのこと自体、問題はないように見える。だが、いま、私がなぜこのことを取り上げるのかというと、実はこの連合会は、設立当初から、大いなる疑惑が指摘されてきた団体だったからである。

連合会はこれまでカネにまつわるスキャンダルな噂《うわさ》を散々ささやかれ、89年の天安門事件の引きがねを引いたのも、実はこの団体の資金獲得についての不透明さに対する国民の怒りがきっかけになっているのである。

天安門事件の勃発《ぼっぱつ》に対して、日本政府はアメリカなど先進諸国と共同で、援助を中止し、経済制裁に踏み切ったが、事件の翌年、90年に入ると、もうなにごともなかったかのように、身体障害者連合会に対して新規の無償援助が始められている。これ以後、毎年のように日本からの「人道援助」が続いている。

田中外相が外務省改革をいうのなら、こういう摩訶《まか》不思議な中国向けODAの闇こそ解明すべきであった。後で触れるが彼女が鄧樸方と中国身体障害者連合会のカンパを名目にした経済ブローカー行為の、すさまじさと悪評を知らなかったとは思えない。

だが、「改革派」真紀子外相が短かったその在任中に実行したのは、疑惑のODAにメスを入れるどころか、彼女の友人がトップを務める疑惑の福祉団体への融資の継続だった。真紀子はこれを『積極的に支援し』(中国身体障害者連合会のホームページ)たのである。

外務省改革を口にし、ODAの不透明さを告発していた真紀子も、彼女の古い友人のプロジェクトだけは別だったのだろうか。こうした疑問が浮かんでくるのだ。

「援助」はまぎれもない政治献金だった

日本のODAの隠れた特徴のひとつは、被援助国の最高権力者やその子弟の関わる事業計画に対する援助が少なくないことにある。

当然、韓国やインドネシア、フィリピンで問題視されたことが、中国でも同じように行なわれていた。

理由のひとつは、アジアのODA対象国が開発独裁体制と呼ばれる経済成長を目的にした非民主的な政治体制をとっていたことだ。これではいやでも援助が、一部の独裁指導者に集中してしまう。

樸方の福祉団体の案件「肢体障害者リハビリセンター」に日本の公的支援が実行されたのは、彼がほかならぬ鄧小平の長男であり、事実上、これが中国最高首脳から要請されたプロジェクトと見られたからである。

中国社会にとって、家族は特別な存在である。

中国人は自分の最周辺に家族をおく。その外側に親族、友人、「単位」(所属集団)などの社会的ネットワークが広がっている。この同心円的なつながりこそが中国人のもつ社会観なのであり、ここには国家は存在しない。

血のつながり＝家族。これが中国で最も重視される価値観のひとつである。家族主義は社会的な基礎である。

アメリカの社会学者ロイド・イーストマンによれば、中国では親に先立って死んだ息子の棺を父親が叩くという。親に孝行をせずに死んでいった息子をそうして罰するのである。彼によれば、家族は『社会秩序の戦略的中心』である。

「家族制度は中国社会の根幹」「あらゆる社会的特徴は家族制度から発生している」

50年以上も前、世界的に著名な作家林語堂《りんごどう》もこう喝破した。

そんな中国で、超実力者だった鄧小平の最愛の長男樸方が関わる民間ボランティア（実際は準政府機構なのだが）に膨大な援助が実行されたのである。これがなにを意味するのか。樸方と父は血を通じて、同一の人格なのである。「援助」は鄧小平に対するカンパであり、政治献金でもあった。少なくとも中国人なら誰でもそう受け取って当然の経済支援だった。

田中真紀子は、このような過去を持つ福祉団体に対して、新たな援助を決定した。

鄧樸方の関与したプロジェクトに対して行なわれた日本の政府援助は、これだけではなかった。第1次円借款《えんしゃっかん》（79～84年）のプロジェクトのひとつ、山東省の石臼所港の建設資金が実行されているが（内陸の山西省の石炭を輸出するためだった）、このプロジェクトの事実上の受け入れ団体は「康華《こうか》実業発展公司」といい、身体障害者連合会の主席である鄧樸方がトップについていた総合商社でもあったのだ。同総公司こそ、身体障害者連合会の義援金組織「障害者福利基金会」が連合会運営資金を捻出するために、生みだした中国国務院直結の大企業だった。

つまり、鄧小平一族の長男は①「中国身体障害者連合会」（障害者福利基金会）の関わる「中国肢体障害者リハビリテーション研究センター」で約34億円（85、86年）、②第1次円借款（79～83年）で約430億円（第2期工事には第3次円借款（90～95年）でプラス61億円供与）という対中国ODAを手にいれているのである。

鄧は民間ボランティア（実際は政府機関だったが）「障害者福利基金会」会長として、無償人道援助を日本との窓口になっていた衛生部を通じて受け取りつつ、他方で、交通部を仲介にして、会長職を務める総合商社「康華実業発展公司」の開発事業に円借款を供与された。

援助それ自体をいけないといっているわけではない。問題は鄧が最高実力者の長男であることから、政治的なパイプづくりを目的にして、障害者福利基金会に内外から大量のカンパが殺到したまではいいが、康華実業発展公司がさまざまな特権を利用して、違法なブローカー行為に手を染めたことだった。だが、眉《まゆ》をひそめる市民はいても、誰も公然とは文句をいえない。相手は、「中国の皇太子」なのだ。

また日本企業のなかには、石臼所港湾建設に康華が関わっていることから、身体障害者基金へのカンパを「あそこはＯＤＡにも関わっている。寄付の要請を断われるわけがない」と言い切る総合商社の北京代表もいた。

カンパもビジネスがらみだったのである。

実業発展公司は、88年解散に追い込まれた。さらに、翌年の天安門事件でも、市民の最大の怨嗟《えんさ》の的にされた。人々の恨みはそうそう簡単には氷解はしなかったのだ。

だが、樸方は社会的非難を前にしても、その地位を降りなかった。その後も順風満帆に出世をとげて、いまでも連合会の最高ポストについている。

そればかりか、身体障害者連合会は事件後も、外部に対して、あれほど疑惑につつまれていた内部の会計報告を一切公開してこなかった。同会から正式な報告がはじめて出されたのは、なんと康華実業発展公司の解散から7年後の95年になってからだった。

ちなみに、障害者連合会に対してカンパを行なった日本企業は新日本製鉄などのメーカー、三和銀行（現・UFJ銀行）、富士銀行（現・みずほ銀行）など邦銀、そして伊藤忠商事など総合商社など超一流企業である。

寄付に応じた商社マンはいう。「カンパには車椅子とかベッドなどの医療品の現物支給と現金の2種類があります。正直、どこがいくら献金したのか、こちらでは一切わかりません。基金会が一体どれほどの金額を集めたのか、誰にもわからないはずです」。

現在、連合会への支援はどうなっているのか。

『（2002年）3月5日午後、身体障害者連合会と日本政府の間で「利民プロジェクト無償援助」計画のうち、貧困支援プロジェクトの調印式が、連合会会議室で行なわれた。援助の対象は青海省に住む少数民族の2ヶ所の貧困地域で、その狙《ねら》いは身体障害者の直面している貧困問題を支援することにある。日本政府からの支援金額は13万5369ドル（約113万元）にのぼる』（連合会のホームページ）

この数字、日本円にすると、ほぼ1700万円に相当する。日本と中国のGNP（国民総生産）差は約4倍である。これを考慮すれば、わずか2件のプロジェクトで、2000

万円近い金額は決して少ないものではない。

連合会のホームページに、田中真紀子はこう登場する。

『昨年（＝2001年）5月、日本の田中真紀子前外相が中国を訪問した際、彼女は自分から鄧樸方主席と会見を希望した。会見の前から、日本大使館を通じて障害者連合会には利民プロジェクトの無償援助計プランが出されていたが、田中真紀子はこのプランを積極的に支持してくれた』

援助を受ける当事者がベンツで現われた

利民プロジェクトは90年に始まった。内陸貧困地域の小学校、病院、防水設備の建設が目的である。

2000年までに333の計画が実施され、無償援助は総額ですでに23億円に達している。

ホームページに紹介された青海省の貧困支援事業も、こうした案件のひとつなのである。

1案件で1000万円近くという金額は多くはないようだが、チリも積もれば、山となる。総額となると23億とかなりの金額である。この種の小額援助が近年の対中国援助の特徴である。一件当たりの額は少なくても（それもあくまで日本の感覚だが）、これだけ継続すると、総額はふくれる。

同連合会には、1985年から20年近く、現在までも延々と無償援助が続いている。こうなると、もう日本からの援助はこの団体にとっては、完全に既得権益と受け止められているはずである。

連合会が受け取っているカンパの内容を見ても、内外の実業家の援助や海外の財団などからのモノも目にはつくが、日本のODAほど確実で、大きな金額のモノは見当たらない。

鈴木宗男《すずきむねお》の対露支援で有名になったムネオハウスが好例だが、一度始まった援助はそう簡単には中止できるものではない。この利民プロジェクトも、なるほど人道的な支援ではあるが、はたしてそれは本来の意味の福祉事業なのかどうか。当初のリハビリセンターの建設までは理解できても、貧困地域の小学校や防水インフラの整備までとなれば、これはどうか。「ひとつあたりの援助金額はたいしたことはない」（外務省無償援助課関係者）というレベルの話ではなかろう。

この『利民プロジェクト』以外にも、中国向けの人道支援やカンパの実態に関しては、美しい理念とは裏腹に、耳を疑うような話も耳に入ってくる。

「貧しい地域の援助と言いながら、支援窓口機関の当事者が背広にベンツでやってきた」

「援助金の使い道を説明した明細書がいいかげんきわまりない」

こんな具体的な批判の声が上がっているのだ。

つい最近も「希望工程」という貧困地域の小学校建設計画に対するカンパが不法な投機活動にまわされていたという疑惑が発覚し、中国国内でも大問題となった。

実はこの「利民プロジェクト」も疑惑の焦点の「希望工程」の一翼を担《にな》っている。「利民」からも「希望」にカンパが流れる構造になっている。

傘下に総合商社をかかえる身障者団体

田中真紀子が外相として最初に訪問したのは中国だった。その思い入れの強い中国で、彼女は2000万円近くの無償援助を『自発的に樸方主席に会見を申し入れて』『積極的に支援した』のだという。

真紀子・樸方のトップ会談で、それまで事務レベルではペンディング状態にあった支援計画は、一挙に実現に向かった。ホームページの中身をじっくり読んでみると、そうとしか理解しようがない。援助は、真紀子外相の鶴の一声で、正式に決定したと見るべきなのだろう。

この障害者連合会向けの援助についても、外務省の広報は、表面的なモノであり、マスコミも、真紀子と楪方の会見を単に報じるだけ。

私は身体障害者連合会に対する日本からの援助には、慎重であるべきだったと考える。なにが問題なのかというと、先に述べたように、この団体の過去の経理の不透明さに理由はある。連合会はカンパを集めると称して、傘下に一大総合商社『康華《こうか》実業総公司』を設立、政府から得た特権を行使して、すさまじい投機活動を行なっていたという前科を持っている。

日本から膨大な援助が実行されていた身体障害者の全国組織とは、中国国民から疑惑の眼差しを向けられた団体だった。

中国向けODAを再考するというのは、こういうところから始めるべきではなかったのだろうか。だが、改革派外相田中真紀子のもとでも、従来どおり、なんの見直しもないままに、日本からの血税が供与されつづけられたのである。

2章　103億円の惨状

――風俗営業の場と化した「日中友好」のシンボル

ODA施設内での風俗営業

「日中交流施設で風俗営業　無償援助　北京《ペキン》に建設　日本大使館が抗議」

「日本の無償援助約100億円で北京市内に建設された『日中青年交流センター』の構内に、今年春から風俗営業ふうのカラオケクラブが開かれ、北京の日本大使館が援助の趣旨に逸脱していると抗議している。同店は北京の日本人や韓国人の間でセックスがらみのサービスをする店として評判がひろがり、日本大使館は9月中旬、同センターを管理する中華全国青年連合会(中青連)に、口頭で善処を求める抗議をしたという」

(産経新聞・平成12年10月11日)

北京市朝陽区亮馬橋区40号。

北京の中心、天安門広場を東に直進し、さらに北に向かって国際空港方面に進むと、周囲には現代的な高層ビルやホテルが見えてくる。この一角に、日本からの経済援助で、ホテルを含む一大イベントホールが建設され、完成したのは1990年8月のことだった。センターの名前は「日中青年交流センター」という(中国語では「中日青年交流中心」)。

84年3月、中曽根《なかそね》総理(当時)の中国訪問を契機に、このプロジェクトは日本政府の無償資金協力案件として正式に合意され（86〜88年度）、103億円の建設予算が供与されることになった。

最初に触れた産経新聞に取り上げられたカラオケクラブは、この中で営業している。

私とこのセンターの因縁《いんねん》は、まだこの建物が建設中の89年から始まっている。89年といえば、6月に天安門事件が勃発《ぼっぱつ》した年だ。それからセンターを訪れること5回。その都度内部の関係者からこのプロジェクトについて、さまざまな不満やクレームを耳にした。

これから紹介するのは、当時の取材メモを元にした〝友好の場〟（外務省パンフレット）の実態である。

89年10月、私は初めて青年交流センターの工事現場を訪れた。この建物が完成する約1年前のことだ。工事は、天安門事件に対する西側の経済制裁の影響を受けて、遅れ気味だった。だが、原因はそればかりではなかったようだ。

日本側の建設主体は、黒川紀章設計事務所のスタッフと大手ゼネコンの竹中工務店、中国側は中華全国青年連合会（中青連）という分業体制で工事は行なわれ、設計と外装は日本が、内装は中国が受け持った。

話を聞いたのは、この日本人関係者たちからだった。

建設中から、消えてなくなる建築資材

彼らの中には動乱の北京から家族を一時帰国させ、不自由な独身生活に耐えながら工事にあたっている人も少なくなかったが、それでもこの国家的な事業を遅延させてはならないという決意が、話の端々《はしばし》から率直に伝わってくる。

援助の最前線には、つねに黙々と汗を流す技術者たちがいる。私は素直にそのことを嬉《うれ》しく思った。

だが、この日本人たちが直面している毎日の現実には、驚くべきものがあった。匿名《とくめい》を条件に、ある関係者が口を開く。

「初めてです。マスコミの人がちゃんと話を聞きに来てくれたのは。現地の駐在記者は、一度鍬《くわ》入れの際に顔を出しただけで、あとはまったく現場に来たことがない」

マスコミへの不満を口にしつつ、工事の現実が語られる。

「ここではモノがなくなるんです。建設資材が、です。日本の感覚で外に置いておくと、翌日はまずなくなっている。ええ、中国側の現場作業員が持ち出すんです」

「盗んだ資材は自宅用に自分で使うか、売りとばすか。そのどちらかです」

「現場の衛生管理もひどい。ちゃんとプレハブのトイレがあるのに、小便の跡やうんこが

日中青年交流センター

計画時に作成されたパンフレット。左の円筒形建物がホテル「二十一世紀飯店」。
手前右がイベントホール。
その向こう側がプール。
日本のODAから、無償援助として、103億円が拠出された。

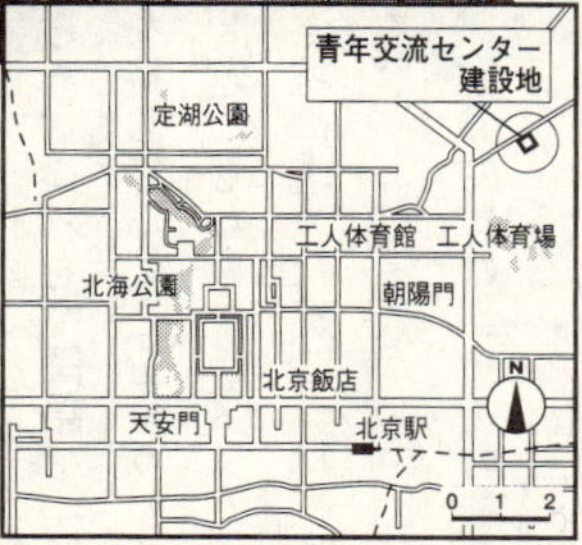

北京市の略図と、センターの位置

あちこちに転がっています（笑）」

建設現場で頻繁《ひんぱん》にモノがなくなり、排泄《はいせつ》物がごろごろしているという実情は、中国の工事現場で普通にある話だ。なかでも資材の盗難は進出した日本企業の最大の悩みで、この被害に遭《あ》わなかったところは、まずない。

「盗難対策？　日本人スタッフは限られた人員でやっているので、夜中まで監視していられるような余裕はないんです」

だが、日本人を困惑させるこの盗難、中国人労働者には盗むという感覚はない。

中国人には自分の管理している仕事の範囲内で、極めてわずかずつのものを無断で持ち帰ることは許されるという認識があるからで、これを中国語で『落』という。彼らにとって、盗難とは自分の管理していないものを持ち帰ることをいうのである。こうなると現場にある資材をくすねるくらいは、とくに問題にもならない。

悩みは現場の管理だけではなかった。盗難に遭った建設資材、具体的にはサッシや窓などを注文する場合にも問題は続出している。

「日本でこうした盗難や紛失がある場合、常識的には当然その製造メーカーに再注文を出します」

こう前置きして、彼は続ける。

「でも、センターはそうではないのです。中国側の中華全国青年連合会（中青連）のほうが、付き合いのある日本商社を通して発注してほしいと強硬なんです。それでは高くなりますよと何度もアドバイスしたのですが……」

すったもんだの末に、最後は相手側の要望どおりに、資材は商社を通じて手に入れざるをえなかったという。当然、見積もった工事費用は膨《ふく》れ上がる。結局、日本の商社からのキックバック（ワイロ）が目的なのだろう。工事関係者は、こう推測する。「日本からの多額援助だから、こうなのでしょう」とも。

何かにつけて口をつく日本批判

苦労はこれだけではない。文化や風習の違う中国での、数年間にもわたるプロジェクトである。人間関係のトラブルもある。工事は日本側と中国側の折半で行ない、互いに干渉はしない。これがルールだった。だから日本サイドが現場の中国人へクレームをつけるにも、相手側の中青連を通じて行なうしかない。直接叱責《しっせき》するわけにはいかなかった。中国の面子《めんつ》に配慮したのである。

中国側スタッフの中に、そうした日本側の不満にてきぱきと対応してくれる青年幹部がいた。好青年で優秀な中国人だったと、その日本人関係者はなつかしそうに話す。工事現場は男たちの世界だ。共に泣いたり、怒ったりしながら、互いの信頼と共感は生まれてくる。この中国人幹部は、現場の日本人スタッフからも絶大な信頼を得ていた。

その彼が消えた。

「ある日いなくなりました。解任されたのです。後日、彼が泣きながら事情を打ち明けてくれました。彼の一連の対応が中青連の内部で問題視されて、日本に甘すぎると非難されたと」

「皆さんと別れるのはつらい。一緒に工事の完成を見たかった。こう言って、去っていきました。その後会ったことはありません」

「このとき私は、表面からは見えにくい中国の闇《やみ》の部分を見たような気がしました」

排泄物と盗難と日本批判。これが工事現場の現実だった。

現場で日本人と中国人の間にトラブルが起こると、その都度「日本は中国でなにをしたのか」「侵略した歴史はどうなっているのか」。このフレーズが中国人の口から出る。青年交流センターの現場でも、事情は変わらない。

完成したホテル「二十一世紀飯店」

一見、普通のホテルだが、内装(中国担当)はズサンの一語。
日本人の宿泊客はほとんどいない。

「正論を言っても、侵略したのにとか、賠償金をもらっていないのだからこの程度の援助は当然だとか、よく聞かされました」

汗を流しても、素直に感謝されない現実は確かにあったようだ。

「日本軍国主義の中国侵略は、中国にとって水戸黄門《みとこうもん》の葵《あおい》の印籠《いんろう》ですね」

私もやりきれない思いで、彼の胸中を思いやった。

1990年8月、センターは竣工《しゅんこう》し、翌91年5月、正式にオープンした。

そのころ、取材中に知り合った日本人工事スタッフから、一通の葉書が私の手元に届いた。

「総事業費103億円のこのセンターが本来の意味で日中友好に役立つのか、それとも無用の長物になるのか。私にも、今はわかりません」

葉書には、こう書かれていた。

日本人と知ると態度を急変させたウェイトレス

初めての訪問から5年後、94年秋。

完成したセンターを訪れた。2度目ということになる。巨大な建築物が目の前にあった。

だが……。

驚いた。建物の外壁にはもう亀裂《きれつ》が走っていた。センターの入口にある会館案内用のプレート、バス停留所のポールにも赤錆《あかさび》が浮かんでいる。敷地の奥に作られた建物の外壁は剝離《はくり》が始まっている。

だが、驚いたのはそれだけではなかった。センター内にあるホテル「二十一世紀飯店」で営業中のカフェテリアに入ってみたときのことだった。店内の印象は、こぎれいで、機能的な造りになっている。それは悪くない。

だが、客はほとんど入っていない。この後も何回かここで食事をとったが、いつも空《す》いていた。はやってはいないようだ。

コーヒーを注文した私に、暇を持て余したウェイトレスが話しかけてくる。

「おいしいですか」

「熱いですか」

二人の間でたわいのない会話が始まった。彼女は私のことを中国人と思いこんでいる。私のほうでも彼女のよどみのない中国語に、てっきり、中国人だとばかり思っていた。だが聞けばそうではない。韓国の慶州地方からこの北京のホテルに働きにきているのだという。

ホテルにはそうした彼女の友人も多いらしい。

「ここは日本の援助で建てられたんでしょう。日本人は来るの」

「そうよ。でも日本人、来ないし、いない」

彼女はニヤッと笑いながら、秘密を打ち明けるように、「没有《メイヨー》」「没有」（いない、いない）と繰り返す。

「日本との交流を目的にして作ったんでしょう」

「日本人は来ないよ。こんなところ」

韓国人ウェイトレスは、確かに「こんなところ」と言った。

ここはちゃんと事情を聞いてみたいと思い、私は自分が日本人であると名乗った。その瞬間、彼女の表情は一変する。

「日本人、たくさん来るよ」

こう言い捨てるようにして、彼女はその場を立ち去っていった。まずいことを言ってしまったという態度がありありだった。

泥にまみれた「無償援助」

「セックスがらみのサービス」が報じられたカラオケバー。
それにしても、なぜ、飛行機なのか？

解体されたカラオケバーとマージャン店（2001年４月）。
計画段階では、日中青年の交流イベントのための空間だった。

もう、その娘は私のテーブルには来なかった。彼女たち数人のウェイトレスは、店内の隅でひそひそ話を始めている。ミネラルウオーターを注文しても、別の女性が来て、応対するばかり。話しかけても無言である。

日本人がなにかを探りに来たと思われたようだ。センターに日本人が来ていないという事実はタブーのようだ。急に手のひらを返したような店員たちの態度や、店内の異様な雰囲気に気詰まりを感じて、私はその場を立ち去った。

会話を耳にしたのか、警備員がじっとこちらを見つめている。

いったい誰が泊まるのか、高くて遠くて管理もズサン

その夜のこと。同ホテルの1階でカラオケを開く日本人ママがこう打ち明けてくれた。

「ホテルに泊まったお客サンから、寝ていると部屋にねずみが出たなんて聞きましたよ」

「うちで働いている中国人のオンナの子にも、プールで泳いではダメだと言い聞かせています。トラホームにでもなられたら困るから」

管理やメインテナンスにも問題があるようだ。だが、まだ完成してたった4年目の建物なのである。

疑問を感じた私は日本に帰ってから、大手旅行代理店に、「二十一世紀飯店」について取材してみた。答えてくれたのはJTB（日本交通公社）、近畿日本ツーリスト、日本旅行、東急観光の4社である。

「中国ツアーで『二十一世紀飯店』を利用していますか」という質問に対して、「利用している」と答えたのは、ただの1社もなかった。

ある代理店の日本人添乗員（中国担当）は、その理由を次のように説明する。

「場所が遠いんです。北京観光の場合は、まず天安門広場や故宮《こきゅう》が中心になる。それが『二十一世紀飯店』からだとそこから車で40分ですからね。近くはない」

「『二十一世紀』は三つ星ランクのホテルです（最高は五つ星）。それでシングルが1泊700元《げん》前後（約9千円前後・1元＝12円・当時）という料金はけっして安くはない。このランクだと5～600元が一般的です。このロケーションでこの値段だと、競争力はどうしたって落ちます」

「場所が中心地から離れていても、周囲に名所や観光スポットでもあればいいのですが、『二十一世紀』の場合は、そうした売り物もない」

「結局、コンセプトが明確でないんです。イベントホールを作りたかったのか、それともホテルを経営したかったのか、ごちゃごちゃになっていて、そのあたりの狙《ねら》いがよくわからない施設です」

そもそもこの施設は「青年交流センター」と名づけられているように、日本と中国の青年の相互交流の場所として建設されたものだ。そのための103億円なのである。

だが、もともと中国に来る日本人の中でも、青年は多くない。観光などで中国を訪れる日本人旅行者（当時は毎年平均150万人前後。2001年度は238万人）の過半数を占めるのは年配者であって、青年ではないのだ。こうした事情は今も昔も大きくは変わっていない。そう考えれば、このODAの無償援助案件は、最初から理念先行で市場リサーチがなってないのである。

その結果、現実にこのホテルを利用している日本人青年といえば、高校の修学旅行生たちが中心となる。修学旅行生の団体は一年中来るわけではないし、いくら海外へ行く修学旅行が増えたとはいっても、数は知れている。

ホテルも安くはなく、ロケーションも悪い。

それでは「日本人？　来ないし、いない」のは当然である。

では、現実にこのホテルを誰が使っているのかというと、「会議などで地方から北京に来る共産主義青年団のおのぼりサンや韓国人が中心」（ホテル関係者）なのである。日中両国の青年たちが交流する姿はどこにもみあたらない。完成直後からこうなのだという。

湯船のお湯が、トイレから噴《ふ》き出す

ホテル内のメインテナンスについても不安があると、先の日本人添乗員はこう語る。

「はっきり言って内部の造りは雑です。お客のクレームを予想すると、ちょっと使おうという気にはなれない」

この言葉には、うなずける。というのも、97年の7月、3度目にここを訪問した際に、私自身もホテルで、次のような体験をしているからだ。

室内のバスルームを使った後のことだ。ちなみに、ここのバスルームはユニットバスである。「この料金（約9千円）でユニットというのは、まず見たことがない。もっとちゃんとしたお風呂でないとおかしい」とは、日本人添乗員の言葉だ。その湯船の栓を抜いた瞬間、いきなりお湯がそばのトイレの方に噴《ふ》き出した。

慌《あわ》てて調べてみると、湯船とトイレの排水管が正しく接続されていない。外《はず》れているため、そこからお湯が噴き出すのだ。急いでフロントを呼ぶと、とくに驚いたふうもなく、ボーイが自分で直しはじめた。

湯船のお湯で水浸しになったトイレは、しばらくは使えなかった。

あとでホテル内のテナントで働く日本人に話すと、

「そんなんで驚いてたんじゃ、このホテルには泊まれないわよ」

という驚くような返事がかえってきた。

ホテルの内装は中華全国青年連合会が受け持った。だが、正直その技術水準は到底日本とは比較にならない。中国の建築レベルは低い。くわえて、手抜き工事も少なくない。中国政府も手抜き工事防止の通達を毎年のように出しているものの、抜本的な解決にはいまだ遠い。

驚く話は、建物の内部だけではない。敷地内にもあきれるようなことがあった。

「二十一世紀飯店」のある建物の奥には、当初から「日中両国の青年たちがキャンプファイヤーなどの交流を行なうスペース」が確保してあった。当然、建物はない。計画段階からわざと空き地にしてあった。

だが、94年にここを訪れた時、もうその空間は消えていた。マージャン店とカラオケパブが我が物顔で場を占めていたのである。キャンプファイヤーは、いつのまにか遊戯施設に取って代わられていた。

カラオケパブは、古い航空機を改造したものだった。マージャンとカラオケが両国青年の交流の場とでもいうのだろうか（数年前にいずれもとりこわされた）。

「援助」が「共同投資」に改竄《かいざん》

最後に足を運んだのは、2001年のことである。「二十一世紀飯店」のフロントには、センターを紹介する案内パンフレットが置かれている。中国語と英語で紹介されたホテルや施設の説明を読んでいると、信じがたい記述に出くわした。

まず57ページの写真を見ていただきたい。冒頭部分にはホテルの建設の由来が書かれているが、そこにはこうある。

「『二十一世紀飯店』は中日両国政府が共同で投資して、建てられた美的で、スマートな、一流設備をもつ現代的な建築物である」

これまで何度も述べてきたように、「二十一世紀飯店」のある青年交流センターは日本政府から中国政府に対して行なわれた無償援助であり、総額103億円の日本人の血税から、ホテルの建設費用も捻出されている（土地と建物の内装費用は中国が供出している）。外務省経済協力局の説明にも、このプロジェクトが、日本からの贈与で実現したと明記されている。

だが、交流センターを管理・運営している中華全国青年連合会(中青連)が対外的にPRしている案内パンフには、建てられたホテルは日本の無償援助ではなく、日中両国政府の『共同投資』だと説明されているのである。英文を見ても、確かに、「ジョイント・ベンチャー」と記されていた。

「共同投資」(「ジョイント・ベンチャー」)となると、これは純然たるビジネス行為。援助が目的の日本のODAとは何の関係もないことになる。日中青年交流センターの関係者が、敷地内にあるホテルやプール、ホールなどが日本の無償援助で建設された事実を知らないはずがない。だが、来訪者なら誰でもが気軽に目にできるパンフレットには、ただの一行も日本の無償援助には言及はなく、「共同投資」と改竄されているのである。

そもそもセンターの運営が日本と中国両国政府間のジョイント・ベンチャーだと言うのなら、当然、利益は日本にも還元されていいはずである。ビジネスとはそうしたものである。

だが、実際はホテルの営業利益はすべて中国側の管理運営組織の中青連に落ちる仕組み

二十一世紀飯店 The 21st Century Hotel

21世紀飯店是由中日兩國政府共同投資興建的一座外觀美麗，造型新穎、設施一流的現代化建築群、是集旅游飯店，文化娛樂，科技交流、教育研修、體育活動、商務辦公、社會服務于一身的大型國際交流場所。

其主要建築有21世紀飯店，世紀劇院，國際會議廳，研修樓，銀橄欖游泳館，音像演播廳，電化教室等均由中日兩國著名建築師設計，擁有國際最先進的設備和技術裝備。

裝飾豪華的各式餐廳、酒吧、商品廳、舞廳、一流的商務中心、大小任選的會議室、地下自動計數停車場，使得整個飯店功能齊全，服務配套，能滿足國內外賓客的各種需要。

21世紀飯店熱忱爲國內外賓客國際青年交流聯誼活動提供最佳服務。

The 21st century hotel,a joint venture invested By the governmental funds of China and Japan,possesses a group of up-to-date architectural structures,features not iust the hotel,cutural recreation and spprts,but also offers services for sci./tech.academic exchange,skill and artistry training according to our guests`wish as well as business talks and trade connection,etc,

The hotel,a grand socil center presenting its main builaing structures designed and established by both Chinese and Japanese architects and installed with the world-advanced equipment.includes the Century Theater the interational conference Halls,the Research building,the Silver Olive swimming pool,the multi-vision show,the audio-video teaching section and other kind of fine facilities.

Different luxury dining halls,bars,shopping centers,ball rooms,business services,large and small conference halls,unde`ground packing formed the hotel with a good service system.

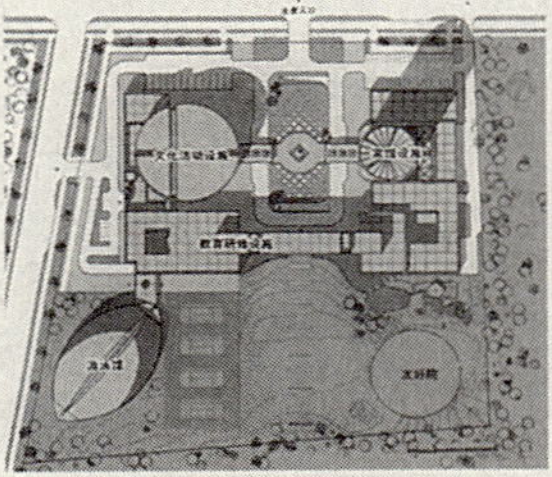

案内パンフレット。中国語、英語それぞれ1行目に「中日両国政府共同投資」「a joint venture」とある。

になっていて、日本サイドは一切ノータッチなのだ。

日本の外務省当局は、こうした事実をどこまで把握しているのか。産経新聞にあるように敷地内で行なわれていた売春行為については、抗議はしたというが、パンフに書かれた共同投資の文言や改竄にクレームをつけたという話は寡聞にして聞かない。103億円もの日本国民の血税を投じた「日中青年の友好交流」の場。だが、中国は友好のシンボルから、日本の支援を徹底的に消そうとしていた。異様な話ではないか。ちなみにいうと、中青連は胡錦涛《こきんとう》現共産党総書記の出身組織でもある。

「見事に取られましたね。中国に」

ある日本人は吐き捨てるようにこう言った。

中曽根康弘《なかそねやすひろ》と胡耀邦《こようほう》との「友好」のシンボル

そもそもこのプロジェクトは、どういう経緯《いきさつ》で誕生したのか。その背景に触れておきたい。

日中青年交流センター建設の構想が生まれたのは84年、日本では中曽根内閣当時のことだった（中曽根政権の誕生は82年11月）。一方、中国では82年9月、共産党12回大会で、文革派勢力が排除され、名実ともに最高実力者である鄧小平《とうしょうへい》中央顧問委員会主任の後継者として、次代のプリンス胡耀邦《こようほう》が、党の最高ポストである総書記に就《つ》いていた。日本と中国。ほぼ同時期に、両国で胡耀邦と中曽根康弘というニューリーダーが生まれた。

この日中両国の新しい指導者をつなぐ外交ブレーンとして生まれたのが『二十一世紀委員会』と呼ばれる諮問《しもん》委員会であった。委員会はそれぞれ両国の外務省内に置かれた。『二十一世紀委員会』は84年、日本と中国の指導者に対して「次代を担《にな》う両国の青年の交流スペース」の建設を提言、これが先に触れた「日中青年交流センター」の原型で、予定地は中国の首都・北京が選ばれた。

具体的には日本の青少年が中国で安く宿泊できるホテル（これが「二十一世紀飯店」）、会議などに使うイベントホール（「世紀劇院」）、プールなどの建設が提言された。このように胡耀邦と中曽根の友好のシンボルが、この「センター」だったのだ。

それだけではない。『二十一世紀委員会』は、表向きこそ両国の外務省に属しているとはいえ、現実にはメンバーに、胡と中曽根の最側近が加わっていて、正規の外交ルートを越えて、直接、両国指導者をつなぐパイプ役を果たしていたのだった。なぜそんなものが必要だったのだろうか。

日中を結ぶ三つの政治ルートの見えざる暗闘

84年当時、日本と中国とを結ぶ政治的なルートは三つあった。

一つは両国政府・外務省間にある正規のルートである。

二つめは国交正常化で主役を務めた『中日友好協会』（廖承志《りょうしょうし》会長）と目白《めじろ》（田中角栄）とを結ぶルートである。82年に発生した教科書問題の落とし所は外務省ではなく、この非公式のルートで問題の処理がはかられた。

最後発がこの、胡と中曽根という二人の最高指導者間のルートだった。

72年の国交正常化を契機にして、日本の政界における中国パイプをほぼ独占してきたのは、田中角栄元総理をリーダーに戴《いただ》く田中派であった。

一方、中国でも最大の対日人脈を握っていたのは亡き周恩来《しゅうおんらい》総理の下で日本との国交正常化を成功させた『中日友好協会』である。会長の廖承志は孫文《そんぶん》の右腕だった廖仲愷《ちゅうがい》の長男で、日本の早稲田大学留学の経歴を持っている。この時期は全国人民代表会議の副主席も務める実力者だった。

だが、同氏が83年に亡《な》くなり、田中角栄もロッキード事件の被告という立場上、表には出にくくなると、この間隙《かんげき》を縫《ぬ》う形で生まれたのが、胡耀邦と中曽根をつなぐ新しい人脈だった。日中両国の新旧政治家の間の暗闘が始まった。

両者の対立は、87年の胡耀邦の突然の失脚まで続く。胡耀邦が総書記から解任された理由は、彼と「軍国主義者」中曽根の癒着《ゆちゃく》のせいだと報じられた。

胡は『大地の子』の取材のために訪中した作家の山崎豊子《やまざきとよこ》氏に、こう語っている。

「わたしは最大の親日派として共産党内部で非難にさらされている」

89年4月、胡耀邦は死んだ。生前彼と親しかった各国要人からの弔電を、人民日報は紹介した。日本からは土井たか子社会党委員長（当時）や福田赳夫《ふくだたけお》元総理などの名はあったものの、胡耀邦と独自の人脈をもち、あれほどの「信頼と友情」を誇った中曽根の名前はどこにもなかった。共産党中央が報道を禁じたためである。

だが、このことの重大性に気づく日本のマスコミはなかったとみえて、どこもこの事実を報じていない。以後、中曽根は中国最高首脳とのパイプを失い、2001年の中国海南島（ボアオ）で開かれたアジア版「ダボス会議」に出席するまでのほぼ14年間、日中外交の表舞台から姿を消した。

胡耀邦・中曽根コネクションは崩壊した。こうして友情のシンボルであるセンターだけが残った。

一脚9万円の椅子《いす》、補修の資金は中国にはなし

センターは苦しい。まずカネがないからだ。

同センターを運営するのは、何度もいうように中華全国青年連合会である。共産党、解放軍と並ぶ一大全国組織である共産主義青年団（共青団）がその中核で、ここは胡耀邦の出身組織でもある。つまり、センター運営による利益は、胡の母体団体に落ちるという仕組みになっていたのだ。田中派の代議士の言葉を借りれば、このセンターは「中曽根の胡耀邦への政治献金」なのである。

だが、期待した肝腎《かんじん》の日本人青年は来なかった。後に残されたのは、この近代的なシステムをどのようにして管理していくのかという難題だった。ノウハウと資金は中国にはない。

一例をあげると、センターが自慢するイベントホール「世紀劇院」には、合計1713もの椅子《いす》がある。

この椅子が一脚いくらするか。日本円で9万円である。日本人の感覚でも高い。ましてや、ここは中国である。そのなかでは豊かな首都の北京とはいえ、市民の平均的な年収は、冒頭の産経新聞の記事の出た2000年（平成12）ですら、1万400元（約16万円）程度。つまり仮にこの椅子が壊れたとしたら、取り替えるのには市民の半年分に近い費用が必要なのである。椅子一脚が、である。

最新鋭の近代的な機器を維持し、管理していくためにはどれほどコストがかかるものか。これを見れば明らかだ。メインテナンス費用は無償援助には含まれていない。中国が自力で捻出《ねんしゅつ》するほかない。

だが、現実にホテル間の宿泊客争奪戦は熾烈《しれつ》を極めているし、イベントホールがいつも使われているわけではない。そのため、客を呼ぶために法律すれすれのセックスがらみのサービスにも手を染めざるをえなくなる。結局はそういうリスキーなテナントでも無理して入れるしかない。

産経新聞の記事に私は、違和感を感じなかった。「そうだろうな」。これが10年以上、センターを見つづけてきた私の感想だった。

結局、恩恵に与《あず》かるのは韓国人だった

最後にセンターを訪れた2001年5月。ホテルのパンフが改竄されていたことはすでに述べたが、敷地内も様変わりしていた。ホテルには欧米のツーリストの姿も見うけられ、テニスコートやプールにも活気が感じられた。敷地内のテナントも増えている。これではならじ、と中国側も危機感をもったのだろう。

だが、これは率直に喜べる話ではない。友好の場が、たんにビジネスセンターに姿を変えただけだからだ。

相変わらず日本人は「夏休みの修学旅行生以外は来ていない」（ホテルのフロントの話）し、はやっているテニスコートやプールも、近隣に住む中国人や日本以外の駐在員の会員制スポーツクラブに変わっただけだ。

かつてマージャン店のあった建物も、「国際青年研修大学」という名の中国語専門スクールと、留学生寮に変わっていた。しかしその実態はといえば、

「学生は100人ちょっと。ほとんどが韓国人で、日本人はあまりいない。日本人はいいんだが、韓国人学生の風紀の悪さは甚《はなは》だしい」

と、敷地内の中国人関係者は語る。

韓国料理の店「三井」「牡丹園」も敷地内にある。ホテルの宿泊客も、中国人以外は韓国人が最も多い。結局、ODA103億円は、中青連のビジネス資金に化けて、その恩恵に与《あず》かっているのは日本人ではなく、韓国人というのが実情だった。現状を目にするかぎり、センターは日中青年の交流の場ではなく、中韓両国民の友情の空間に変わっていた。

センターを一歩出ると、道路を挟んだその向かい側には、周囲を睥睨《へいげい》するような建物が視界を圧倒するように迫ってくる。これが何あろう、日本国民の税金で建てられた日本大使の公邸である。この光景を目にしてやりきれない思いに駆られるのは、私だけではないだろう。

完成から十数年。103億円ものジャパンマネーが中国の闇に消えた。

3章　そもそも中国ODAとは何か？

——誰が、いつから、何のために

そもそも、ODAとは何なのか?

そもそも、ODAとは何なのか。簡単に見ておきたい。

ODAとは、Official Development Assistance（オフィシャル・ディベロップメント・アシスタンス）の略称で、日本語では「政府開発援助」といい、次の三つの要件を満たすものでなければならない。

（1）政府あるいは政府の経済協力実施機関によって供与されること
（2）開発途上国の経済開発や福祉の向上に寄与することを目的としていること
（3）資金協力については、その供与条件がグラント・エレメント25%以上であること

（『わかりやすいODA』ぎょうせい刊）


ODAは民間の資金とは別物で、あくまで政府レベルの公的な資金、つまりその国の国民の税金が原資となる。（1）と（2）は、読んでのとおりである。では（3）の「グラント・エレメント」〔GE〕とは何か。聞きなれない言葉である。

これは借り手にとっての条件のおだやかさを示す指標で、民間の金融機関の条件（年利10%と仮定）の借款をGE0%とし、この条件（金利、据置期間、返済期間）が緩《ゆる》やかになるにしたがって、GE値は高くなる。贈与、つまり返済不要の場合はGEは100%とな

る。

このGEが25％以上ないと、ODAとは認められない。援助目的は協力にある。高利で悪条件の貸し付けはダメだということだ。

贈与、無償援助の実態

ODAには、大きく分けると、三つの種類がある。

まず、日本から相手国政府へ供与される贈与（無償援助）、次に円借款《えんしゃっかん》（有償資金援助）、さらに直接相手国へ渡すのではなく、国際的な第三機関へ出資する三つである。

まず「贈与」だが、これは「無償援助」とも呼ばれるように、日本から供与を受ける相手国政府に返済義務はない。つまり日本からタダで相手国政府に渡るカネのことである。対象分野は基本的に収益性の低い医療、保健、教育、環境が中心になる。民間のマネーでは採算の取れにくい人道的な分野に限定される。

この贈与の中にもさらに二つのタイプがある。一つが資金の「贈与」であり、もう一つが技術の「贈与」だ。カネで出すか、技術で出すのか、それだけの違いで、この前者の資金「贈与」のことを「無償資金協力」ともいう。

2章で紹介した「日中青年交流センター」の場合がこれに当たり、中国側の受け入れ窓口である中青連は、日本からの103億円で「センター」建設に必要な資材などを購入したのである。

一方、技術「贈与」というのは日本の技術を相手国政府の関連受け入れ機関に伝え、彼らを通じて相手国の国内技術の普及を図《はか》ろうというものだ。発展途上国からの国費留学生や研修生の受け入れも、これに当たる。1章の「中国肢体障害者リハビリセンター」への技術者支援がこのケース。

プロジェクト完成後のアフターフォローについては、相手国政府からその施設の使用状況に関する年次報告が、外務省に提出されることになっている。だが現実には、この完成後の対応は形骸《けいがい》化しているのが実情で、取り決めは守られてはいない。

3年前、会計検査院が参議院の行政監視委員会に出した報告の中でも、重債務国が無償資金協力の使途に関する報告書を日本政府に出していなかった事実が明らかにされた。

カネを出したら、そこで実質上は終わり。後はどうなろうとほとんどノーチェック。日中青年交流センターの現状を見れば、政府のそんな姿勢がいやでも感じられる。

以上が贈与、無償援助といわれるものである。

「円借款《えんしゃっかん》」は、相手国にとって返済の義務がある

ではよく言われる円借款は、これとどう違うのか。円借款は正式には「有償資金協力」という。長期低利の開発資金の貸し付けのことで、もちろんタダではない。当然返済の義務があり、贈与との決定的な違いはここである。

日本の場合は貸し付けを日本の通貨である「円」で実施する。それで「円」建てでの「借款」（公的な貸し付け）、つまり円借款と呼ばれるのである。

円借款は日本のODA全体の四分の三を占めている。

この円借款を担当するのは、以前は経済企画庁、外務省、大蔵省、通産省の四省庁だった。そのため、これを四省庁協議体制と呼んでいた（現在は、外務省、財務省、経済産業省）。実際の実施業務は国際協力銀行〔JBIC〕が受け持つ。

これに対して無償資金協力と技術協力は、財政当局である財務省と外務省が関わり、その実施機関は国際協力事業団〔JICA〕が当たる。

わかりにくい仕組みである。これでは援助の政策決定は複雑になるし、運営の機動性も悪くなるはずだ。官僚機構間の縄張り争いも当然絡《から》んでくるにちがいない。

これに対して、中国は98年の政府機構改革で海外からの専門借入れ窓口を財務省に一元

化して、リスクヘッジに備えている。

第三機関への出資も、ODAの一つ

贈与や円借款とは別に、国際援助金融機関への出資、拠出も、ODAの一つである。具体的には世界銀行、アジア・太平洋地域の開発金融機関であるアジア開発銀行〔ADB〕が代表例で、これらへの日本の財政的貢献は大きい。

世界銀行というのは、国際復興開発銀行〔IBRD〕、国際開発協会〔IDA〕などの国際開発金融機関のことで、ここへの日本の出資シェアは、アメリカに次いで第2位。世銀の最大の融資パートナーも日本である。

またADBへも出資額は72億ドル、シェアは15・9%（2000年末時点）で、この数字はアメリカと並んで加盟国中の第1位。総裁も初代の渡辺武氏を皮切りに佐藤光夫氏まで6名の日本人が就任している。

また、より貧しい開発途上国への融資を目的にしてADBに設《もう》けられているアジア開発基金〔ADF〕への拠出シェアは、37・5%とこれもトップである。

まだある。ラテンアメリカ諸国を対象にした米州開発銀行〔IDB〕には域外国中第1

位、ヨーロッパの欧州復興開発銀行〔EBRD〕にはアメリカに次いで第2位、アフリカ開発銀行〔AFDB〕にも域外国中アメリカに次ぐ第2位、アフリカ開発基金〔AFDF〕の場合は拠出国中第1位である。

大盤振る舞いという印象は確かにある。日本国民でこの事実をどれだけの人が知っているだろうか。

日本のODA出資額は、今でも世界でトップクラス

整理すると、「贈与」「円借款」「国際機関への拠出」。この3つの援助をセットでODAと呼ぶ。

日本のODAは、これまで1989年にアメリカを抜いて以来、90年の第2位を例外にして（1位はアメリカ）、2000年までは世界1だった。しかし、2001年に入ると、アメリカに抜かれて2位となった（アメリカ＝1億1429万ドル、日本＝9842万ドル）。

先進国援助グループである経済協力開発機構〔OECD〕の中に、開発援助委員会〔DAC〕というものがあり、現在21カ国が加盟している。

現在、世界の中で他国を援助する能力を有しているのは、この21カ国ということになる

（ただし、ODA供出国がこの21ヵ国だけというわけではない）。

2001年度で見ると、DAC諸国のODA総額は、アメリカ、日本、ドイツ、イギリス、フランスの順になる（左ページ表）。

援助の相手国を見ると、日本の場合は、当然のことながらアジア地域が中心である。1970年代はほぼ総額の100％、80年代は70％、90年代は50〜60％がアジア地域に供与されている。

アメリカの場合は、その中心援助地域は中東と、アメリカの裏庭であるラテンアメリカ諸国である。中東の中心国はエジプトとイスラエル、なかでもイスラエルは97年に援助対象国を卒業するまでアメリカの最大の援助供与国だった。イスラエル・ユダヤグループの経済支援ロビー工作の結果と、アメリカの中東での石油権益の確保を目的としたものだった。

DAC諸国中、アメリカ、日本に次いで第3位のドイツの援助の中心は、99年度を見てみると、なんと1位が中国で、97年に第2位に登場して以来、中国はドイツにとって最大の支援対象国に浮上してきている。2位以下は、セルビア・モンテネグロ、エジプト、パキスタン、タンザニアと続く。

主要国のODA実績

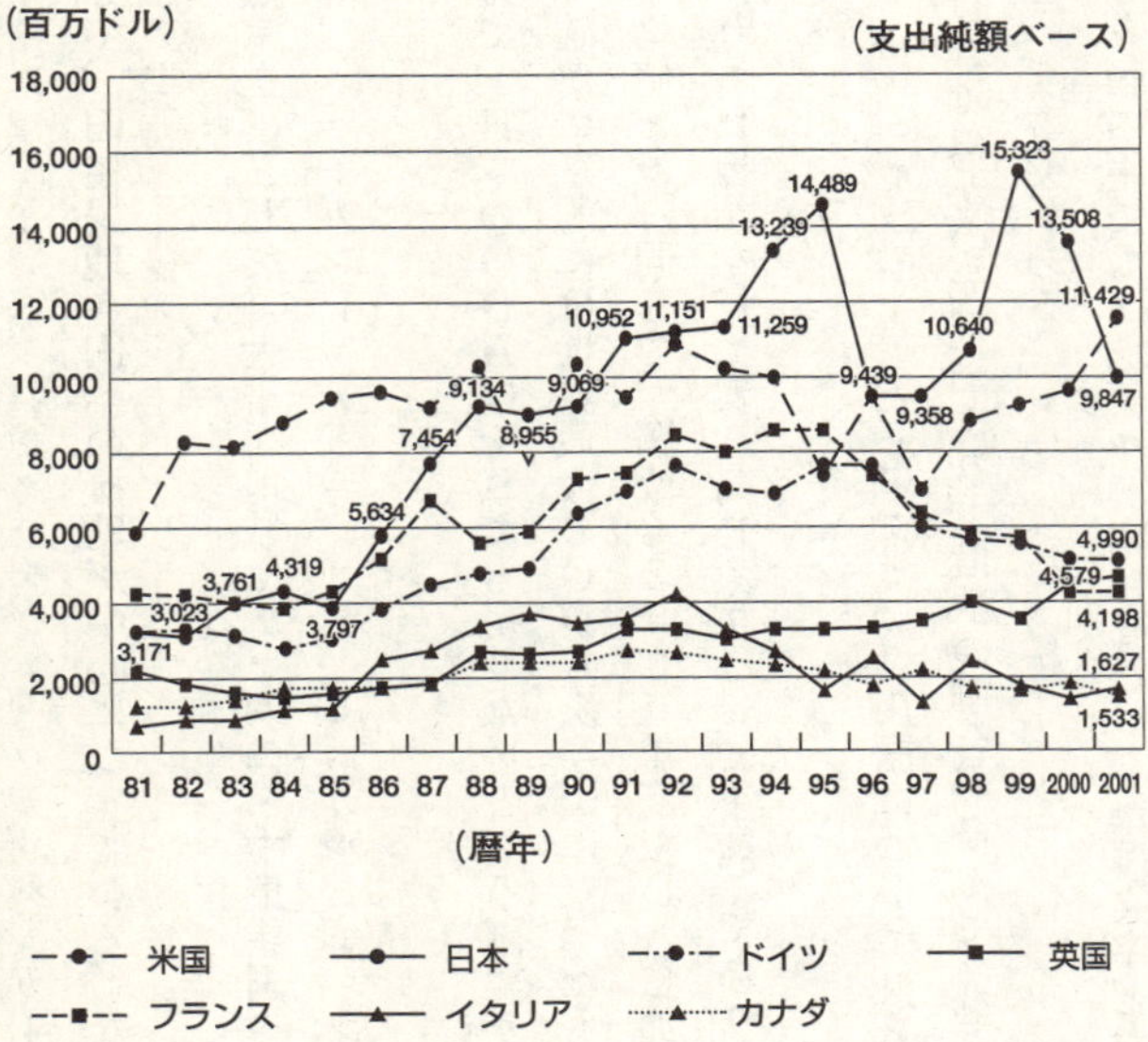

出典：2002年DACプレスリリース

注：(1)東欧向け及び卒業国向け援助は含まない。

(2)1991年及び1992年の米国の実績値は、軍事債務救済を除く。

第4位のイギリスは、インド、バングラデシュ、ウガンダ、ガーナ、タンザニアが支援対象のベスト5で、旧植民地各国への援助が中心になっている。なかでもアフリカ支援には力が入っている。

フランスも旧宗主国として、太平洋地域やアフリカ・中東諸国への支援が中心である。仏領ポリネシア、ニューカレドニア、エジプト、セネガル、モロッコが支援対象国に顔を並べている。

ところが一方で、日本のODAはそれでも足りないという議論がある。

まず、日本は確かに量的には世界最大のODA供与国になったものの、対GNP比ではDAC諸国の平均値とほぼ同じで、順位も2000年度でDAC加盟国中、第7位。国民一人あたりの負担額を見ても、同じく7位（99年度）であり、まだまだ出すべきだという意見もある。

先に「グラント・エレメント（GE）」という用語について触れたが（68、69ページ参照）、日本のODAはほかの先進国よりも借款の割合が多くて、無償援助が少ない、つまりGEが低いという事実がある。

しかしDAC各国の中でもアンタイド率は高い。これは文字どおり「アン」＝付いてい

わが国ODAの内訳と主要援助国との比較

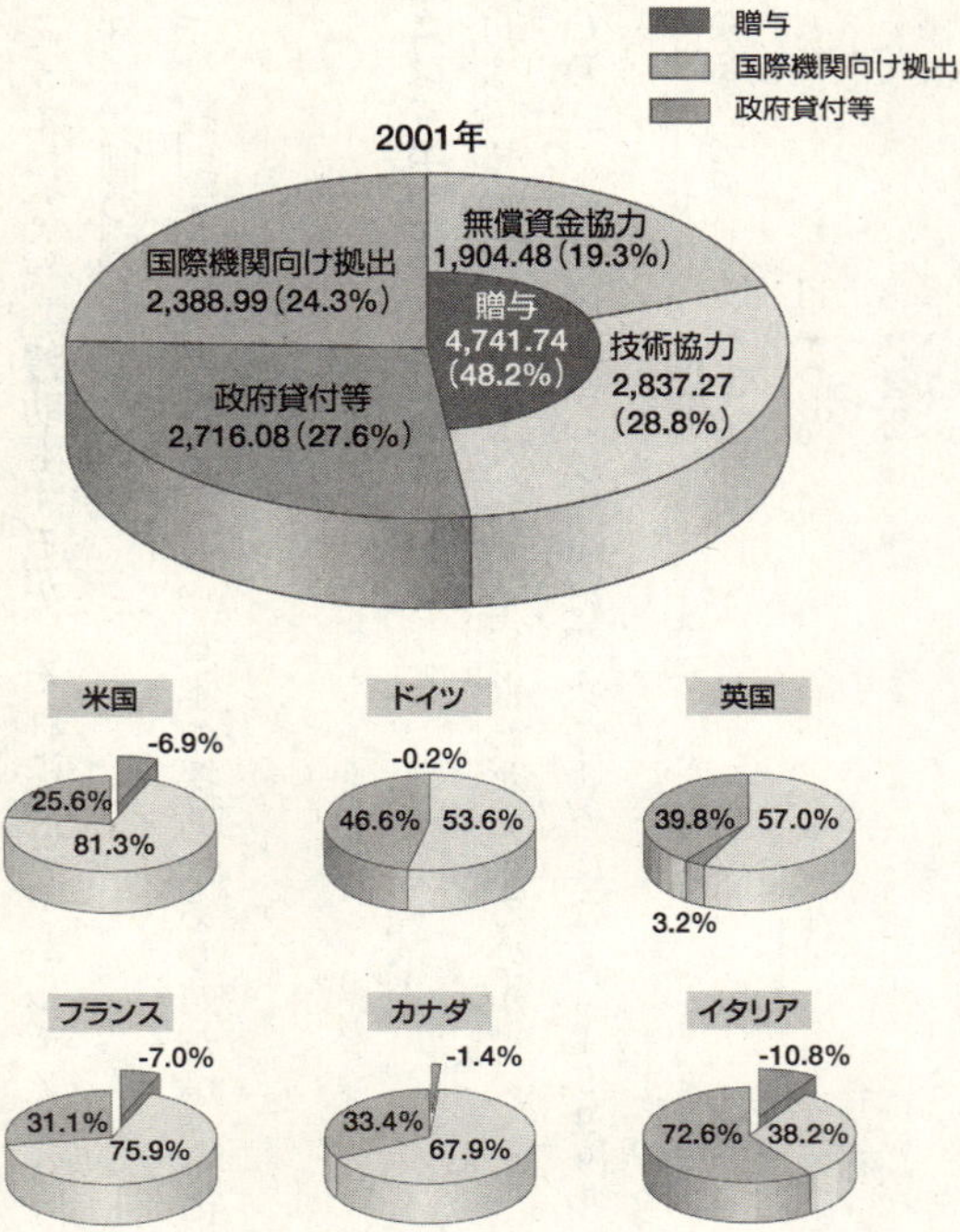

注：(1) 支出純額ベース、百万ドル。
(2) 東欧、卒業国及びEBRD向け実績を除く。
(3) 主要援助国については2000年の実績を使用。

ない、「タイド」＝ヒモで、つまり「ヒモつきでない」という意味だ。日本の援助を受けたからといって、必ずしも日本企業に工事を発注したり、日本製品を買う必要はない。他の国の場合はそうではない。「援助もするが、それにはウチからモノを買うことが前提ですよ」というタイド制の割合が高い。

したがって、援助を受ける国にとって、日本の援助はありがたい。選択肢が広がるからだ。

日本のODAは、中国経済の生命線

日本の援助は、具体的にどの国に対して行なわれているのか。

2カ国間ODAの供与国とそのシェアは、次のようになる（1999年）。

（1）インドネシア　15・3％
（2）中国　11・7％
（3）タイ　8・4％
（4）ベトナム　6・5％

（5）インド　　6・1％

最近数年のベスト5は、ほぼこの顔ぶれで決まりである。トップは毎年インドネシアか中国で、これもほぼ変わっていない。

中国が世界各国から手にする公的援助のうち、一貫して日本が最大の支援国で、2000年実績では、DAC加盟国でのシェアが61・2％にのぼっている。援助総額ではすでに3兆円近くに達し、これに輸出入銀行の資源ローン3兆円強を加えると、トータルで6兆円を突破する。

それだけではない。日本が最大の出資国に名前を連ね《つら》ている世界銀行やアジア開発銀行など国際機関からの融資も少なくない。一種の日本からの迂回《うかい》融資である。これを加えれば支援金額はさらに膨れ上がる。こういう事実も、日本人にはあまり知られていない。今では、カナダ、ドイツなど先進国からの借款も増えてはいるが、日本のODAは依然、中国経済のライフラインなのである。

外務省の「ODA白書」（2001年度版）によると、インドネシア、中国への援助方針とその位置付けはこうだ。

インドネシアの場合。

「2億人の人口を有し、ASEAN諸国の中核となる国」

「わが国の海上輸送にとって重要な位置を占め、石油、ガス等の天然資源供給国」

インドネシアはわが国の中東石油ルートとシーレーンの戦略的な要衝であり、また同時にアジアでも有数の石油資源大国である。これがODA最上位の理由だ。

では中国はどうか。

「経済の近代化を最優先課題として位置付け、対外開放政策および経済改革を進めている」

これだけである。あとは日本の隣国だとか、経済協力が広がっているとか、さして重要とも思えない理由が並んでいる。

ある外務省関係者はこう話す。

「中国向けODAには2つの目的があります。一つは開放政策を契機に市場経済化、資本主義化を誘導すること。それを通じて旧ソ連など社会主義陣営から中国を完全に引き離すこと。」

冷戦終了後ODAの目的だった中国の市場経済化と中ソ分断は達成された。今や6兆円

東アジア地域における援助実績

2001年　　　　　　　　　　　　　（支出純額ベース、単位：百万ドル）

順位	国又は地域名	贈与			政府貸付等	合計
		無償資金協力	技術協力	計		
1	インドネシア	45.16	117.27	162.43	697.64	860.07
2	中国	23.02	276.54	299.56	386.57	686.13
3	ベトナム	51.58	86.71	138.29	321.25	459.53
4	フィリピン	66.75	84.70	151.45	146.77	298.22
5	タイ	2.50	90.12	92.62	116.97	209.59
6	カンボジア	79.89	40.11	119.99	0.21	120.21
7	モンゴル	44.03	24.49	68.52	12.94	81.46
8	ラオス	36.37	39.41	75.78	−0.31	75.47
9	ミャンマー	33.64	27.10	60.74	9.12	69.86
10	マレーシア	0.51	52.21	52.71	−39.60	13.11
11	[東ティモール]	0.33	8.60	8.93	−	8.93
	その他	0.00	74.78	74.78	−145.15	−70.37
東アジア地域合計		383.77	922.04	1,305.81	1,506.40	2,812.21

注：(1)地域区分は外務省分類。なお、[　]は、地域名を示す。
(2)卒業国を含む。
(3)四捨五入の関係上、合計が一致しないことがある。

を超えた日本の中国援助の理由は、誰の目にも不透明になりつつある。

中国への援助は、こうして始まった

日本の中国に対する援助が始まったのは1979年に遡《さかのぼ》る。この年、中国で改革開放政策が本格的にスタートした。だが、その壮大な現代化プランの最大のネックは資金難にあった。中国にはカネがなかったのだ。

家庭でいえば貯金はないのに、マイホームは欲しいというようなものである。ローンに頼るしかない。このローンの最初の貸し手が日本だった。アメリカでもヨーロッパでもなかった。

日本からの経済援助は、まず79年12月の大平総理（当時）の中国訪問で、79年度分として500億円が事前通告されたのに始まる。

この第1次円借款は最終的に6案件、商品借款1300億円を含めて総額3409億円が供与された。対象案件は当初港湾2件、鉄道3件、水力発電1件で、内訳は次のようなものであった。

（1）石臼所港建設事業〔429・45億円〕

（2）兗州・石臼所間鉄道建設事業（397・10億円）
（3）北京・秦皇島《チンホワンタオ》間鉄道拡充事業（870・00億円）
（4）衡陽《ホンヤン》・広州間鉄道拡充事業（133・20億円）
（5）秦皇島港拡充事業（277・85億円）
（6）五強渓水力発電所建設事業（1・40億円）

81年には中国の経済調整政策の強化によりプロジェクト実施の見直しが行なわれ、この中から鉄道1件、水力発電所1件の実施が見送られ（4と6の案件）、その分は商品借款に振り替えられた。商品借款の見返り資金は宝山製鉄所、大慶石化工場の建設資金にまわされた。

この第1次の特徴は、鉄道や港湾などインフラ整備に資金が使われたことである。中国には借款の担保は内陸の石炭や石油などエネルギーしかない。内陸と沿岸を結ぶルートの確保。これにジャパンマネーを投じたのである。

円高による「円借款＝高利貸し論」の台頭

第2次円借款は1984年3月の中曽根総理（当時）の訪中の際、7案件について7年間（90年度まで）にわたり、総額4700億円を目途に協力が約束された。

対象案件は、次の7件だった。
（1）衡陽《ホンヤン》・広州間の鉄道輸送力拡充
（2）鄭州・宝鶏間の鉄道電化
（3）秦皇島《チンホワンタオ》港の拡充
（4）連雲港の拡充
（5）青島港の拡充
（6）天津、上海、広州の電話通信網拡充
（7）天生橋水力発電事業
だが、その後急激な円高などの影響を受けて、プロジェクト・コストは当初の予想を下回り、88年にはさらに9案件が追加された。その中には、北京の地下鉄建設事業も含まれる。

注意してほしいのは円借款の性格である。貸し付けは円建てになる。平均の金利は年率2・5%、返済期間の平均は30年である。

当然円高になると、相手国政府の通貨は日本の円に対して弱含みになり、返済総額は円

日本の中国向け有償資金協力（円借款）

	第１次円借款	第２次円借款
意図表明	1979年12月、大平総理	1984年３月、中曾根総理
案　件	運輸（鉄道、港湾、電力）６案件	鉄道、港湾、通信、電力都市整備など７案件
期　間	79～83年度の５年間（84年度供与の商品借款309億円を含む）	89年～89年度の６年間 ７年間の予定を１年繰上げ完了。88、89年度に９案件を新規追加
総供与額	総額3309億円（プロジェクト借款2009億円 商品借款1300億円）	16案件4700億円 88年度は資金還流措置でほかに700億円
年度供与額	1979年　500億円 1980年　560億円 1981年　600億円 1982年　650億円 1983年　690億円	1984年　715億円 1985年　751億円 1986年　806億円 1987年　850億円 1988年　1615.21億円 1989年　971.79億円

	第３次円借款	第４次円借款
意図表明	1988年８月、竹下総理	1994年12月、村山総理
案　件	電力、鉄道、港湾、空港道路、通信、都市整備、農業等40案件。資金還流２案件	前３年分(96～98年度)として、農業、鉄道、空港、港湾など40案件。後２年分（99～2000年度）として、環境、農業・水利、交通など28案件
期　間	90～95年度の６年間	96～2000年度の５年間
総供与額	8100億円（一般有償7700億円 資金還流400億円）	前３年分（1996～98年度）5800億円。後２年分（1999～2000年度）3900億円
年度供与額	1990年　1225.24億円 1991年　1296.07億円 1992年　1373.28億円 1993年　1387.43億円 1994年　1403.42億円 1995年　1414.29億円	1996年　1705.11億円 1997年　2029.06億円 1998年　2065.83億円 1999年　1626.37億円

●79年から2002年３月末までに供与された円借款は約２兆8293億円を超える。無償資金・1297億円、技術協力・1245億円（2000年度末）。低金利（2001年度0.75―2.2％）で返済期間は長い（30―40年・10年の据え置き期間を含む）。

で借りている分だけ増えることになる。逆に円安になれば、これと反対に返済総額は減る。

だが、この円借款の持つそうした性格が、時には外交問題にも浮上してきた。90年代に入って急激に進んだ円高で返済総額がアップした結果、中国政府の対日不満が爆発、「ODA＝高利貸し論」までがマスコミに登場しはじめた。

その後日本政府は、この円高の調整として黒字分を再度還流させる処置をとる。こうした経過を辿《たど》りながら、第2次円借款は最終的に当初の予定の7年間を1年短縮して89年度まで5709億円を供与して終了した。

中国援助に隠然たる力を有した竹下元首相

第3次円借款は、88年の竹下総理の中国訪問で決定した。90年から95年までの6年間に42案件、総額8100億円の供与が約束されている。だが89年、天安門事件が発生し、西側諸国を中心に中国非難が噴出、日本政府は89年7月のアルシュ・サミットでの合意を踏まえて、第3次円借款の取り扱いについて慎重を期した。

その後、90年7月、海部《かいふ》総理がヒューストン・サミットで第3次円借款の実施を表明した。これを受けて90年度は3回に分けて、20案件、1225億2400万円の供与が行なわれた。

第4次円借款は、94年5月の村山《むらやま》総理の中国訪問で実現した。総額9700億円、案件は68件である。この第4次から、従来までの供与方式が変わった。これまでの5、6年にわたる長期コミット方式を改め、まず前半3年間の協力内容を固め、残りの2年分はあらためて協議する、いわゆる「3プラス2」方式に基《もと》づいて実施することとなった。

その結果、前3年度分（96～98年）で5800億円、40案件、後2年（99～2000年）で3900億円、28案件が最終決定した。

この「3プラス2」方式への変更は、明らかに中国の軍事費の増大、台湾海峡での緊張の高まりを受けて、日本の外交カードとしてODAを機動的に使おうという日本政府の意向がある。

失政の埋め合わせを日本に求める中国の論理

中国では現在第10次5ヵ年計画（2001～2005年）が実施されている。日本のODAは、今までこの中国の5ヵ年計画に合わせて供与されてきた。2001年以降はこれまでの5年分一括供与（第1、2、3次円借款）や、前期・後期2回分割供与（第4次円借款）と違い、1年ごとの供与スタイルに変更された。

第10次5ヵ年計画の最大の柱のひとつは、西部開発である。この20年間、沿岸の東部地域に比べて、内陸の西部地域は発展から取り残されたままだった。たとえば一人当たりのGDPで見ると、最先端都市の上海と内陸の貴州や甘粛、青海省などとの経済的格差は、すでに五倍に達している。内陸はこれほど貧しい。手を加えて、政治的操作が行なわれたと思われる政府の公式データですら、格差はここまで広がっている。当然、西部住民の不満は大きい。

だが、この格差を生んだのは沿岸部の開発を最優先し、「豊かになるところから豊かになれ！」と言いつづけてきた鄧小平ら共産党指導者の政策である。そのツケは誰が払うのか。

日本のカネで払ってくれ。これが中国の思惑なのだ。

現在、東部と西部を比較した場合、外資が殺到しているのは東部地方だけといっても過言ではない。西部にまわされた資金は、中国に投資された総資本のわずか4％にすぎない。

交通などインフラの未整備、労働者の水準の低さ、コマーシャルリスクの大きさなど、民間企業は進出に二の足を踏んでいるのが実情なのだ。カネはまわっていない。中国政府は豊かになった沿岸部から、カネと技術を遅れた西部に還流させたい。だが開放政策で一番いい目を見た沿岸部住民は、いたってクールである。内陸の貧しさなどまったくの他人《ひと》事《ごと》。

私の知人に、元紅衛兵で文化大革命中に全国に指名手配された女性指導者がいる。海外に留学したあと、現在はある外資系企業の北京代表の地位にいる。出世組である。彼女は内陸の西部地域の人々を「サル」と呼ぶ。人間ではないというのだ。

教養のなさ、公共心の欠如、封建的思考。付和雷同。魯迅《ろじん》が「阿Q」と名づけた人々が億単位で内陸に生きている。

都市住民の農村に対する長い伝統的な差別感情にいっそう拍車をかけたのが、この20年にわたる開放政策が生み出した文化的・経済的格差の増大だ。

だが、このまま放置はできない。それでは社会不安をもたらしかねないし、流民化も加速するだろう。そのためにもこの地域にカネを流したい。だが、国内資金は限られている。中国もまた財政赤字は急速に膨張しているからだ。

こうして頼みの綱は、日本のODAということになるのである。具体的には小中学校建設など教育支援や植林など、自然保護プロジェクトが山積みだ。

だが、この西部の未開発は格差を放置してきた中国政府の責任である。どう考えても、日本に政治的な責任はない。

いわば失政のツケを、日本の税金で埋めてくれというようなものなのである。

「もらってやる」という態度は、どこから来るのか?

現在、中華愛国主義の声が中国の全土から聞こえてくる。

日本に対しても、高飛車な発言は多い。インターネット上を見ても、日本への侮蔑《ぶべつ》発言や過剰なナショナリズムに酔いしれる無数の声がある。

それならば、西部の開発事業も自分たちでやればいい。これは中国人がカネと汗を出して、行なわなければならない民族的事業だからである。自分の財布からカネを出したくはありません。そのカネで西部の「サル」を豊かにしよう、これが「中華愛国主義」の中身である。夜郎自大《やろうじだい》という以外にない。

ODA。それはしょせん外国のカネだ。もらうにはいくらかの気後れもある。そうした感情を消してくれるのが、ODA＝賠償金論である。賠償金なら遠慮はいらない。受け取って当たり前のカネである。面子《めんつ》も守れる。

しかし72年の日中国交正常化の時、周恩来総理（当時）は賠償金を放棄している。外交上明言してしまった事実はもう消えない。

稀代の反日政治家・江沢民《こうたくみん》の自己矛盾

だが、したたかな中国政府は、歴史カードを簡単に手放しはしない。国家レベルの賠償請求権は「日中両国人民の友好のため」に放棄したが、個人補償の権利は消滅していない。こう言いはじめてきたのだ。

中国要人の中で真っ先にこうした発言をはじめたのは江沢民前国家主席で、それも92年の来日中のことだった。

江沢民は歴代の中国指導者の中でも、有数の親米反日政治家である。日本への反発がこれほど強い政治家も珍しい。

以前は、なんのかの言いながら、ここまでとげとげしくはなかった。中国も素直に日本の援助に感謝を表明していた。日本側にも中国に戦争中迷惑をかけたお詫《わ》びの援助だという思いもあった。だが、江沢民政権になって以来、高飛車で大国主義的な対日姿勢は、露骨なまでに表面化してきた。

共産党政権の運命は、市場経済が成功して、国民の共産党への信頼が持続するかどうかにかかっている。そのためには今後も日本のカネは不可欠である。だが、頭を下げるには面子がある。そのための理論武装が「戦争賠償金論」なのだ。気にしないでいい。これは受け取っていいカネなのだと、国民に自信を植え付け、ジャパンマネーをさらに引き出すための手段。これが歴史カードである。ODAが両国間で問題になれば、かならず先の対日個人補償問題も浮上するだろう。

だが、一方で、中国がODAをどう使っているのか、その情報公開もちゃんとなされてはいない。なかでも気がかりなのが軍事の現代化との関連である。

現代戦はハイテク戦でもある。そのためには交通網の整備や通信のハイテク化は不可欠の要因である。この分野に「4つの現代化」のためのインフラを整備するという名目でODAが利用された可能性は否定しきれない。

かつて台湾の李登輝《りとうき》前総統は「日本の対中国ODAに反対はしない」としつつも、福建省や広東省などへのインフラ支援は、結果的に台湾攻撃に転用できるとして、慎重な判断を求めたことがある。当然だろう。台湾有事は、日本にもアジア各国にとっても、何のメリットもない。中東石油を運ぶために必要な台湾海峡の安全確保は、日本にとっても緊要である。

中国の大国強国姿勢は、ますます加速している。日中両国民の感情も、相互にとげとげしいものに変わって来ている。江沢民の反日姿勢が、国民の侮日の声に拍車をかけた。

今ODAは、明らかに曲がり角にきている。

だが、日本人は忘れてはならない。

カネはしょせん出すほうが強いのだ。7章で詳《くわ》しく触れるが、中国はこれまでのような硬質な対日外交の見直しをせまられている。ノーと言いはじめた日本の世論が原因である。

4章　上海の冷たい雨

――上海環球金融センタービル建設をめぐる醜態

工事再開した巨大プロジェクトの裏事情とは

「2003年2月13日午前、すばらしい春の光景である。陸家嘴《りくかし》金融貿易区の熱い地で、総投資額1000億円、高さ492メートルの『世界最高層ビル』・上海環球金融センターの工事が新たに始動した。

中国共産党中央政治局員・上海市委員書記・陳良宇《ちんりょうう》が基礎工事のスタートボタンを押すために、起工式に出席。……副市長の周兎鵬《しゅううほう》は、上海環球金融センターは陸家嘴地区の発展に新しい活力を注ぎ、上海の世界都市建設に新たな記録を書き加えたと語った。

上海環球金融センター有限公司の森稔名誉会長は式典で『設計変更を経た『環球金融センター』は国際都市上海の象徴的な建設物として、どの時代においても競争力をもつプロジェクトになるだろう』と述べた」

これは中国上海市浦東《ほとう》新区人民政府が発行する月刊誌「浦東開発」(2003年第3期)に掲載された『世界最高層ビルはなぜ浦東に決まったのか』のなかの一文である。文中にあるように、世界一ののっぽビルである上海環球金融センターは、今年2月、4年半もの長い工事中断を経て、工事再開のスタートを切った。

事業の中心になっているのは、六本木ヒルズをオープンさせたことで話題を呼んでいる日本の国際的ディベロッパーの森ビルである。実はこの事業、第2のODAと呼ばれている日本の国際協力銀行の海外投融資50億円が供与されている「公的支援プロジェクト」であって、単なる民間の事業とだけは言い切れない。

国際協力銀行に問い合わせると、次のような答えがかえってきた（2002年6月24日）。

①上海金融センタービル建設運営事業に関しては、「94年6月に事業計画をもとに出資の要請を受け」、

②当時のOECF（海外経済協力基金・総裁西垣昭）は「本事業は、中国の開発計画に合致した重要事業であり、上海市浦東の陸家嘴金融貿易区にて、優良なオフィス・インフラを整備する経済協力性の高いものであること、及び、中国のカントリーリスクを考慮すると、民間資金だけでは実施できないと判断され」、出資対象に決定した。

③「95年7月に50億円の出資が決まり、出資受諾後、主に土地使用権の取得資金として、26・7億円が実行済み」。

つまり、この「海外投融資」とは、日本企業が開発途上国で行なう事業への出資をいう

のである。

だが、繁栄を続ける中国、なかでも最先端の都市・上海に、日本の公的資金を使って、世界一の高層ビルを建設することに積極的な意味があるのかどうか。読者の受けとめ方もそう大きくは違わないはずである。

私は、3年前（2000年末）のセンター現地への取材を皮切りに、日本、中国の現地関係者に何度も取材を重ね、可能な限り、センターに関する現地上海の新聞・雑誌の記事やそのバックナンバーに目を通してきた。

その結果見えてきたのは、中国政府が日本の公的支援を市場経済政策に徹頭徹尾、戦略的に活用して、情報戦においても日本側を完全に圧倒している事実だった。

遠慮なく言えば、森ビルも政府の国際協力銀行も、このプロジェクト事業において、一貫して情報収集の点で中国に遅れを取っている。

一例をあげておこう。

納税者である読者は、日本の公的資金を供与して建てられる世界一の高層ビルの建設予定地が、「2000年の1年間で63ミリも地盤沈下している場所」であることを知っているだろうか。

読者だけではない。当事者たる森ビルも、協力銀行も、この事実を事前には知らされていなかった（森ビル本社広報も、私の取材確認に対して記事の拡大コピーを送ってほしいと依頼している）。この事実はほかならぬ上海市当局の発行している英字紙「シャンハイ・デイリー」（2001年12月12日付）に書かれているものなのである。「上海市は沈下しつつある。なかでも、浦東の陸家嘴地域の環球金融センター周辺は63ミリも陥没している」と。こんな場所に公的資金50億円と民間ジャパンマネー1000億円が投じられようとしているのである。

繁栄に酔いしれる街上海。そこで何があったのか。

超高層ビル群の谷間に残る膨大な空き地

上海市浦東新区・陸家嘴《りくかし》金融貿易区。

SMAPの稲垣吾郎《いながきごろう》が出演したテレビコマーシャルに登場する、黄浦江《こうほこう》沿いの超高層ビル群のある一角である。一昨年秋、APEC（アジア太平洋経済協力会議）が開催され、北朝鮮の金正日総書記も視察に訪れた。それまでは中国のどこにでもあった普通の農村地帯は10年でその相貌を変え、中国一の近代的な都市に変身した。

この陸家嘴区の中心地Z区に、周囲の建設ラッシュに取り残されたように、3万平方メートル（約1万坪）もの膨大な空き地が残っていた。ロケーションは最高で、幅100メートルの基幹中央道路に面し、10万平方メートルの中央緑地公園もすぐ側《そば》にある。

にもかかわらず、工事が中断され、放置されたまま、この更地の周囲には高い囲いが張り巡らされていた。敷地の前の歩道は緑地化推進のため、花壇になっているが、その華やかさが、ぽっかり空いた空間と奇妙なコントラストを見せていた。

一昨年秋、それまでは手つかずのままだった敷地の入口に、上海市地元関係者の手で真新しい巨大なボードが設置された。

ボードにはこんな文字が躍っている。

狐緊浦東開発

不要動揺

一直到建成

（浦東の開発に力を入れ、完成するまで決して動揺するな）

工事中断中の『環境センタービル』予定地。T字状のセメントは、5年前地下3階まで掘って埋めた跡。(2003年工事再開が決定)

『浦東の開発に力を入れて、それが完成するまで決して動揺してはならない』。発言は『信用と国際的慣習に従えば、外国人は資金を上海に投入するだろう』と続く。

これは「改革開放の総設計士」鄧小平の言葉だ。10数年前、天安門事件の後遺症も癒《い》えない中国を、ソ連崩壊の衝撃が襲った。中国社会主義は内外からのボディーブローに大きくよろめいた。その時、鄧は87歳の老骨に鞭《むち》打ちながら、上海や深圳など中国南部の視察を開始する。彼は各地で、「さらに開放を進めよ」と叫んだ。この発言を「南巡講和」という。

社会主義の動揺に対して、老革命家が出した回答は、「一層市場経済に驀進《ばくしん》せよ」というものだった。この時から上海、とりわけ浦東地区の開発は、国策に浮上する。

だが、考えようによれば、この光景は異様である。

なぜなら、開発を進めろ、動揺するなと呼びかける鄧小平のアジテーションは、大きなビルに囲まれた更地の入口に、わざわざ掲げられているからである。誰が見ても、これは「工事の中断に対するあてこすり」（上海駐在森ビル社員）としか思えない。しかも、ボードは上海市の所有地に市当局の判断で立てられたという経過もある。

なぜ、市当局はこんなことをしたのか。

それはこの空き地が、すでに触れたように日本政府・国際協力銀行（ＪＢＩＣ）からの50億円の公的援助も受けて、日本の企業が施工しようとしながら、いまだにビルの建っていない場所だったからである。95年に中国側から土地の使用権を手に入れ（ＪＢＩＣから取得資金としてまず26億が供与された）、97年にいったんは工事に入ったものの、その後中断、以後、その時点では建設再開の目途は立っていなかった。

「なにをぐずぐずしているのか、建設を急げ」

見ようによれば鄧小平が看板の中から、日本人に「ゲンメイ」しているかのようである。

建設予定のビルが「上海世界金融センター」（上海環球金融中心）である。「環球」とは地球、世界の意味である。当初は高さにして４６０メートルの世界最高の超高層複合ビル（94階建）が建つという触れ込みだった。内部にはビル、ホテル、美術館などが作られる予定である。

事業の中心は「上海環球金融中心有限公司」という現地に設立された会社で、ここには都内の開発でおなじみの大手ディベロッパー、森ビルの１００％子会社「フォレストオーバーシーズ」を中心に、みずほ銀行や日本生命、伊藤忠など、銀行、保険、商社など36社、さらに日本の国際協力銀行が加わり、編成した「上海環球金融中心投資」から上海環球金融中心有限公司の資本金２５０億円のうち90％の出資が予定されていた。

参加企業の顔ぶれ、組織の実態、さらに日本の公的資金の存在。どこから見ても、この意欲的な構想は「日の丸プロジェクト」と呼んでいいものだった。

97年8月27日、ビル建設が着工された。工事に当たったのは日本の大手ゼネコンの清水建設。だが、1年間、地下工事を続けた後、現場から槌音《つちおと》が消えた。

ここで取り上げたいのは、その後世界金融センターをめぐって起きている奇妙な出来事についてである。

02年5月、瀋陽《しんよう》の日本領事館で中国官憲の不法侵入事件が起こった。事件は、中国の情報戦の巧みさだけを印象づけて事実上幕が引かれた。日本は中国の狡猾《こうかつ》な手練手管《てれんてくだ》になすすべもなかったが、情報戦が火花を散らしているのは瀋陽だけではない。ここ上海でもまた、当局の組織的で巧妙な日本企業包囲の世論工作が本格化しているのである。

工事再開へ、先行する中国側の報道

01年10月1日。21世紀の最初の国慶節にあたるこの日、中国全土がお祭り騒ぎに酔いしれている中で、「人民日報」と並ぶ名門紙「文匯報《ぶんわいほう》」(上海版)に、ある記事が掲載された。

『世界一の高層ビル、陸家嘴に高くそびえたつ』……高さ466メートルの上海世界金融センター、2005年に完成」「昨日記者が確認したところによれば、日本の森大厦《だいあ》（森ビル）を中心に、伊藤忠商事、三井グループらが協力して、6億ドルの投資で建設される466メートルの世界一の高さを持つ『上海世界金融センター』が2005年、期日どおり完成する」（傍点筆者）

「97年8月27日にセンターは定礎式を行なったが、アジア金融危機の勃発で日本側は資金不足に陥り、建設のペースは落ちていた」

「森稔社長をトップにした日本側首脳陣は、このプロジェクトは中止しないという立場を崩さなかった。また上海浦東新区と上海関係部門も、この計画の重要な意義と外部の経済環境を考慮して、計画の延期を認めた。このような前例はこれまでにない」

事実経過はこれで大筋間違いない。だが、肝心な点がおかしい。これまで資金不足で、中断していた金融センタービルが工事を再開し、「2005年に完成する」。本当なら慶賀すべきニュースである。だが、「2005年の完成」という最大のキーポイントが大嘘、大誤報なのである。

記事に関して、当事者の森ビル本社広報室はこう話す。

「2005年にセンターが完成するなど、ありえない話です。また文匯報の記者の取材も、受けたことはありません」

同社は、この記事に対して抗議をしたと説明するが、訂正記事は掲載されていない。日本の有力紙もこの虚報にとびついた。

朝日新聞の夕刊コラム「特派員メモ」がそれである。

「『世界一ノッポビル、2005年完成へ』。先日アジア太平洋経済協力会議（APEC）が開かれた上海の新聞が大見出しで伝えた。（中略）と、いっても中国がつくるわけではない。森ビルなど日本の36企業グループが施工する『上海ワールド金融センター』だ」

「97年にくい打ちを始めたが、金融危機などで中断し、設計の見直しが行われている。『上海の将来性に不安はない。早ければ来年中にも着工したい』と日本側。工期は約4年、遅くても08年の北京五輪の前には完成しそうだ」。（2001年10月26日付）

この記事も正確ではない。「来年」、つまり2002年の着工は、この時点では100％考えられなかったからだ。

記事に出てくる「日本側」というのは、実際には上海の現地会社「上海環球金融中心有限公司」関係者のコメントらしいが、これも森ビル本社広報室によれば今の段階では「現地の希望的な観測にすぎない」。

実情は「現在は工事再開に向けて、設計の変更を中国側と日本側で取り組んでいる段階にすぎません。9・11ニューヨーク爆破テロもあり、設計の変更にはそうした点も盛り込まれている。設計の変更が完成したら、上海市に提出する。この後、初めて、当局の変更の承諾が降りるんです」(森ビル広報室)。そののち、日本側の他の35社の出資企業と、あらためて話し合いに入るのだという。以上が2001年暮れの時点での動向だった。

出資企業との話し合いにも、難題は山積していた。

97年に始まった工事は難工事だった。浦東は日本で言えば、ディズニーランドのある千葉県の浦安《うらやす》に似て、水はけは悪く、地盤は弱い。2000本もの杭が地下80メートルの深さまで打ち込まれ、大量の凝固剤も撒かれた。そして工事も中断した。

日本国内のバブル処理も直撃した。前出の企業名をもう一度見てほしい。不良債権処理と無関係な企業は1社もない。彼らは工事続行に腰が引けはじめた。さらにアジア金融危機が襲った。上海から日本企業が撤退し、海外から中国に流れる資金は急速に細っていった。これで本当にテナントが確保できるのか。森ビルの最大の不安がこれだった。

さらに関係者を悩ませたのが、急激に進んだ円安である。総事業費は750億円、円建てである。だが95年当時1ドル＝80～100円のレンジにあった為替レートも、今では120円前後と、20～50％も下落している。このままでは事業資金は1000億円を軽く突破するはずだ。こうした内外の逆風が工事中断と再開が遅れた理由だった。

だが、中国も必死だ。上海市はWTO（世界貿易機関）加入と2010年の万博開催を睨《にら》んで、なんとしても世界一の金融ビルは欲しい。ライバルの北京では2008年にオリンピック開催が決まっている。上海と北京のライバル意識は、日本人の想像以上である。もう待てない。あせりが中国サイドから意図的に工事再着工の情報の一部がリークされた理由ではないのか。文匯報の記事も再設計を担当している中国サイドから流れたのでは、というのが、関係者の一致した見方だ。

だが、虚報は一人歩きを始めた。上海市民は、05年にビルが建つものと信じきっている。上海のホテルマンも期待を込めて話す。

「世界金融センターが建てば、お客は増えます。いよいよ、ですね」と。今でも東方明珠テレビ塔やハイアットホテルの入った金茂ビル（これは中国資本）は一大観光スポットになっている。海外からのツアー客も多い。その経済効果は相当なものだろう。だが、金融センターは世界一の巨大ビルである。集客効果はさらに絶大だろう。観光業者は早くも嬉々《きき》としてソロバンを弾《はじ》く。

先ほど紹介した鄧小平の語録が工事現場の前に飾られたのは、01年8月。10月に開催されたAPEC首脳会議に参加する各国首脳に、開発をアピールするためだった。2ヵ月後、文匯報に虚報が出る。

中国当局の工事再開に向けた情報戦はさらに続く。

02年2月21日、森ビルは上海で記者会見に応じ、工事の現状説明を行なっている。その中で中断した工事を「引きつづき推進していく」ことを明らかにしたものの、いつ再着工するのかについては、ここでは一切言及されなかった。

ところが、記者会見から2ヵ月後、今度は上海市浦東新区人民政府の発行する月刊誌「浦東開発」の表紙に、未着工の金融センタービルの完成予想イラストが掲載された。冒頭に紹介したあの雑誌である。同誌の記事「浦東開発の8大経済効果」のなかには「陸家嘴地域に投資している企業や団体は実力をもつ大企業ばかりで、たとえばここには400メートルを超える超高層建築物は3つある」として、そのひとつが「日本の不動産会社森ビルが建設を予定している480メートルを超える高さをもつ世界金融センターだ。日本経済の不調は続いているが、このプロジェクトは2002年に再着工されることが決定しており、完成後は世界一のビルが誕生する」という記述がある（傍点筆者）。

地元政府当局の雑誌に、02年度中の工事再開がすでに「決定して」いると載っているのだ。「浦東開発」は10年以上も前から、上海市浦東新区人民政府が編集・発行している権威ある月刊誌である。こうして「2005年完成」（文匯報）、「2002年の着工」（浦東開発）と、日本サイドが言明しないまま、中国上海政府の管理下にあるメディアは、一方的な情報操作と世論作りを始めているのである（実際の着手は2003年2月・完成予定は2007年）。誰が考えても、一連の動きの背後には上海政府の強力な意思が存在していることは明らかだ。

鄧小平のボードが掲げられた場所も第三者が勝手な展示を行なえば、直ちに厳罰に処せられる市所有地なのであった。

上海前市長、辞任の真相とは

ではなぜ、中国はこれほど02年度中の工事再開にこだわったのか。それは上海市政府の権力者たちの立身出世に関係してくるからだ。

2005年とは、上海市当局が中央政府に公約した第10次5カ年計画（2001〜20

『浦東開発』の表紙を飾った『環境センタービル』。上海市浦東新区人民政府が主催し、これまで何度も工事再開の「虚報」を行なっている。

05年）の最終年度に当たる。なんとしても、この年までにはセンターにメドをつけたい。センターは5ヵ年計画のシンボルだ。そして計画の達成度は、市政府最高幹部の将来の栄達と政治生命にも関わる一大事だったのである。

第10次5ヵ年計画の開発計画の力点は、情報、金融、不動産業など、サービス産業の一層の高度化にある。この点からも世界的なトップレベルの金融センターが誕生する経済効果は大きい。第9次5ヵ年計画（1996〜2000年）中には、浦東国際空港や上海市内を結ぶ高速道路、国際コンテナなど、産業インフラが完備した。唯一残されている注目プロジェクトが、金融センタービルの建設だった。本来なら2001年に完成の予定だったのだ。もうこれ以上、開発の遅れは許されない。

徐匡迪《じょきょうてき》・前上海市長は、2期6年の任期を終えて、ビルの完成を目にすることなく、01年、北京のシンクタンクに転出していった。現在は副市長だった陳良宇が市長に就任している。

だが徐・前市長はその後、北京で異例の記者会見に応じ、その場で彼は、市長の辞任と転出の人事を、決定の数日前に突然知らされたことを告白している。だが、上海では、この人事は、開発の遅れの詰め腹を切らされた左遷だったのでは、と噂されているのである。

現地からは江沢民国家主席や朱鎔基《しゆようき》総理（ともに当時）など、地元上海出身の中央の指導者たちから、徐・前市長ら地元政府要人が工事の遅れを面罵《めんば》されたとの声も聞こえてくる。

権力者の面子と政治生命をかけて必死に工事再開の情報を流してくる中国側。しかも上海市関係者は、「森ビル・日本企業連合以外に、あれほど大規模な開発を請け負える海外企業はない」と断言する。

なぜか？　信じがたい話だが、現在浦東に進出中の国際的ディベロッパーの数は多くなく、欧米系のディベロッパーは、ほとんど見当たらない。香港、シンガポール、カナダ程度で、撤退すれば外交問題になりかねない。だが工事再開には資金難がつきまとう。

ある共同事業主の金融機関関係者は、「国内のバブルの処理が済んでもいないのに、これ以上上海のビルに出すカネがどこにあるんですか」と言い放つ。ムリもない。

50億円の公的援助を約束している国際協力銀行の見解も「現在まで出したのは約半分程度（26・7億円）。全額出してはいない」と腰の引けた対応に終始しており、「今後のことは森ビルなどの意見を聞いて対応します」とウチは第三者との姿勢を崩さない。

「この事業は優良なオフィス・インフラを整備する経済協力性が高い」。国際協力銀行は出資の理由をこう説明していた。だが実情をみれば、出しっぱなしで事後フォローはない。どこに日本の援助戦略があるのだろうか。

日本の情報敗戦が始まる

森ビルは今後の見通しについて、「設計の変更、上海市との協議、共同出資者との調整を経て、2004年までには工事を再着工し、2008年には完成させたいと考えています。世界の多国籍企業が浦東に進出してくれば、良質なインテリジェントビルは必ず求められる。その要望に応える自信はあります」(本社広報室)と、強気だった。が、果たして森ビルの思惑どおりに行くだろうか。

実はここに繁栄を謳歌《おうか》する中国市場経済の隘路《あいろ》がひそんでいる。

森ビルがテナントに想定しているのは、中国企業ではないのである。あくまでお客は「外国のビッグビジネス」。裏返すと中国国内にテナント需要は少ないということでもある。だから万一国内の経済事情などで、海外の企業の中国進出が手控えられる場合は、テナントの確保は困難になる。こういう構造的な問題があるのだ。事実95

年にオープンした森茂国際大厦（HSBCビル）も、アジア金融危機に直撃され、テナント確保に苦しんでいた（森ビルは2001年に香港上海銀行・HSBCにビルの名称権を売却している）。

10年前、上海に日本から官民のマネーが殺到した。浦東国際空港に400億円、市内の高速道路には98年に2億ドル（当時は1ドル＝130円）の経済支援が行なわれた。ヤオハンもまた中国最大の売り場面積をもつ『上海ネクステージ21』に200億円を投資した。しかし98年、同社は倒産、資産は現在中国最大のデパート『上海第一百貨店』の手に移った。

結局、上海世界金融センタービルだけが未完成のまま残されたのである。

だが、日本人は誰ひとりとして、なぜ繁栄を謳歌《おうか》する上海に、日本人の税金まで一部使って、世界一のビルを建てなければならないのか、今もわからない。

完成した暁には、黄浦江に建つ世界金融センターは、躍進する中国浦東の最大のシンボルになるだろう。だがその時、中国人は誰も、このビルは日本が建てたものだとは言わないだろう。

公的資金50億円、建設予算1000億円。これだけの資金を投じて、地盤沈下の激しい浦東地域に世界一のノッポビルが建設される。繰り返しておくと、日本側当事者は、中国紙が報じた軟弱な建設地盤の記事を読んではいなかったのだ。

環球ビルの完成には『少なくとも4年はかかる』(森ビル本社広報室)。つまり2008年の北京オリンピック、10年の万博開催から逆算すると、今年がギリギリのタイムリミットだったのである。

工事再開を期して、森ビルから広報されたのは、

①当初は460メートルだった高さは492メートルに変更され、依然世界一の高さとなる。

②ビルは101階建てで、延べ面積は37万平方メートルで、オフィスを中心にして、ホテルや美術館、商業施設が入居する。

③完成は2007年半ばを予定している。

などであった。

ポイントはふたつ。世界一のビルがあくまで目標にされていること、完成が2007年半ばにおかれていることだろう。

2008年に北京で史上初のオリンピックが開催される。悲願の国際的イベントであ

る。祭典は「中華民族の復興」を世界に向けてアピールするものになる。競技の模様は世界に伝えられ、長く恥辱に耐えてきた中国の躍進ぶりと大国化をデモンストレーションするはずだ。共産党政権の求心力も強まるだろう。

世界の目が中国に集中しているそのとき、上海に世界最大の高層ビルが出現する。躍進中国のイメージはさらに倍加するはずである。たとえそれが日本のマネーによって建設されたものであっても、だ。

環球ビルは2010年の上海万博の目玉にもなりうる。日本の公的資金が中国の発展と躍進を内外に、ショウアップしてくれるのである。

冒頭の雑誌「浦東開発」で森稔会長は、ビルの建設の遅れは、入居テナントが入るかどうか不安だったからだ、と発言している。

それはそうだろう。つい最近までは、「上海は二桁に上る経済成長と並行して、ビルの空室率は70％にも達し」（米誌「フォーリンレポート」上海バブル）、浦東金融貿易区（＝センター建設予定地）を管理する企業関係者が、99年の上半期の利益は対前年度比で90％も下落したというほどすさまじいバブルの破裂状況だったからだ（インターナショナル・ヘラルド・トリビューン）。

だが上海市当局は第10期5ヵ年計画（2001〜2005年）中に、世界中から200社以上の多国籍企業を誘致し、半分以上が浦東に本部を置くと試算している。森ビルの狙いも、こういう中国に進出してくる国際企業の獲得にあるのだろう。

だが、危惧《きぐ》の念は消えない。それはひとり勝ちを続ける上海に対する中国各地、各階層からの反発である。WTOに加盟した中国でこれから始まるのは弱肉強食のサバイバルゲームである。市場経済はその過程を不可欠にしている。

やがて失業者の増大という形で矛盾は水面下から地表に出現してくる。政府系シンクタンクの予想でもその数、全土で約2億人。中国社会の二極分解はいまでもすさまじい。今後、この趨勢《すうせい》は一層高まるだろう。

その弱者の怒りが強者に向かうとき、やがて出現する世界金融センタービルは富めるものの驕《おご》りの象徴に変わりかねないのである。

過剰な心配との声もあるかもしれない。

だが、ニューヨークの世界貿易センタービル爆破事件のあと、上海市当局と森ビルの間で、「9・11事件のようなテロにも対処できるように、ビルの耐久性を高めるための話し合いを行なった」（森ビル本社広報室）ことも事実なのである。

中国当局はいずれ国内で、9・11事件のようなビルテロが起こりうる可能性があると見ているのである。

「浦東の開発に力を入れて、完成するまで動揺するな」

こう叫んだ鄧小平は外国からの借款について、

「多額の借款をもつ韓国など（の大胆さ）に学ばなければならない。そして生産を発展させるために使え」

とも語っていた。

そして、ここ上海に関していうと、

「以前は（30年代）、金融のセンターであり、通貨も自由に両替えできた。将来、中国が金融面で国際的な地位を手にするためにはまず上海に頼れ」

と述べている。81年の冬のことだ。日本からの50億円の公的資金とジャパンマネーを大胆に導入して、「金融面で国際的地位を手にするため、上海に」世界金融センタービルが出現する。

中国にはカネはなくても、情報と戦略性は確かにあった。

ひるがえって、わが日本にそこまでの戦略的視点があったのだろうか。

5章 戦略か、利権か、ODAと政治家たち

——日中の政治家たちの黒い思惑

中国政府中枢と日本の政治家とのパイプ

現在、日本の政界で、中国の最高指導部に強力なパイプをもっている集団は橋本派・経政会であり、次に堀内《ほりうち》派（宏池会《こうちかい》）だと言われている。自民党内のこの両派閥の周囲に、与党入りした公明党と保守新党がいるという構造らしい。江沢民の記念碑をつくろうとした二階議員も保守新党に属している。

国交正常化前は旧社会党など野党が一定の影響力をもっていたが、正常化から30年。両国間をつなぐ人脈は与党の最大集団に落ち着いている。

橋本派が中国カードを牛耳っているのは、派閥のルーツが、「井戸を掘った」田中角栄元首相に始まるからだ。同じ理由から堀内派も国交回復当時の外相の大平正芳が自派閥・宏池会のドンだったことから、一定のパイプを中南海に築いてきた。なかでも、大平首相の盟友だった亡き伊東正義《いとうまさよし》元外相は鄧小平ら最高実力者と親しく、鄧が89年に政治の表舞台から引退したときに、最後に会見をした外国人が伊東だった。彼は清廉《せいれん》な政治家で、在任中もカネがらみの噂は聞こえてこなかった（94年5月没）。

日本の中国人脈は、田中・大平ラインを中心軸にして、この30年続いてきた。中国サイドの橋本派に対する評価と期待感は高い。当然、日本の経済援助についても、同派の発言力は強力である。彼らを無視して、対中国ODAは語ることはできない。そういう意味でも、彼らはODA見直しを呼号する小泉《こいずみ》改革の、「抵抗勢力」でもある。

橋本派（経政会）が中国に影響力をもつのは、国交正常化実現の中心グループであったこと以外に政界の最大派閥集団であり、中国にとっても、その存在を無視して、日本との良好な外交関係を結ぶことは、期待できなかったからでもある。

橋本派の中国に対するシンパシーは強い。その理由が何であるかを探るためには、田中角栄の断行した日中正常化が何を目的にして行なわれたのか、の解明が不可欠である。一般にこの事実はほとんど知られていないからだ。

72年に実現した日中両国の関係和解は、巷間《こうかん》言われているように、アメリカのニクソン大統領が中国を訪問したから、実現したというわけではない。実際ニクソンは訪問しただけであり、国交正常化まではしてはいない（米中関係の回復は7年後の79年1月である）。

それだけではなく、アメリカ側は、田中訪中の時点で、日本があそこまで関係回復を一気に実現するとは考えていなかった（正常化の調印は田中訪中の5日後だった）。

アメリカサイドは、日本の中国接近に強い警戒心があった。警戒心の中身は、日本の中国市場への接近である。戦前、日本の資本輸出の三分の一は旧満州を含む中国市場にあった。敗戦後、日本は一挙にこのマーケットを失ってしまう。毛沢東の共産党政権が誕生したからだ。

吉田茂《よしだしげる》以後の保守本流の悲願は、失われた大陸市場の回復だった。サンフランシスコ講和条約で日本は独立を回復したが、その際独立と引き換えに、アメリカに約束しなければならなかったのが、台湾の蔣介石《しょうかいせき》国民党政権を承認することだった。台湾が全中国を代表する。誰が考えても虚構にすぎない。だが、被占領国日本に、アメリカの意向に逆らうような選択肢があるはずもない。

内心の抵抗を抑えながら、吉田は当時のダレス国務長官に対して、大陸ではなく、台湾を選択する文書を送る。これが有名な吉田書簡だった。

田中角栄が国交正常化に踏みきった真の理由

だが日本の、大陸市場へのひそかな接近は続いた。池田勇人《いけだはやと》内閣は日本産業界の独自の中国接近をフォローすべく、繊維プラントの輸出に通産省（現・経済産業省）の輸出保険の適用を決断、当時の田中角栄担当大臣は、これを初めて認めている。

その田中が首相に就任した。経済界、なかでも資源エネルギー業界からの期待が、田中訪中を後押しした。田中の時代。それは世界的に資源の枯渇が叫ばれていた時代だった。田中は在任中、資源獲得のために、文字どおり世界中を行脚《あんぎゃ》している。ソ連のチュメニ油田の開発やオーストラリアのウラン購入などが有名で、政界の事情通の間ではこれをもって「アメリカの虎の尾を踏んだ」といわれているが、それだけでは一面的すぎる。田中の資源外交の最大の標的は、中国に眠る石油資源だったのである。正常化の目的の重要なファクター。それはオイルなのだ。

田中は大平とともに訪中。戦争賠償金の放棄と、台湾が中国の一部であるとの北京の主張を確認した後、次に周恩来に直接、尖閣《せんかく》列島の海底に眠る油田の開発を打診している。

国交正常化を経て、中国はそれまで社会主義国に対する援助以外にはほとんど使わなかった内陸石油を、本格的に日本に輸出しはじめる。80年代初めには、対外輸出量の60％近くにも達した。中国が４つの現代化のための資金需要から虎の子の石油を放出したためだった。

石油は18世紀以後、大国の経済権益の最大の象徴である。72年当時、世界の石油はセブンシスターズと呼ばれていた国際石油メジャーが支配していた。日本も石油購入はメジャーを経由して、手に入れる以外に選択肢はなかったのである。

このメジャー支配に二つの側面から揺らぎが見えはじめる。それが国連が発表した地球資源の限界に関するレポートだった。このままでは遠からず、世界的にエネルギーは減少しつづけ、いずれ世界は資源の枯渇に直面するとの予想は衝撃的で、これが日本の政財官界のトップの危機感を高めた。

さらに世界最大の埋蔵量を誇る中東石油の動向も気がかりだった。内外の資源関係者が固唾《かたず》を飲んで見つめていたのが、中東に広がりつつあった資源ナショナリズムの行方であった。

自国の石油は自国のもの。政治的独立を達成したアラブ各国が次に目を向けたのは、経済の自立であった。そうした傾向を象徴したのが、69年に軍事クーデターで政権についたリビアのカダフィー大佐による石油国有地宣言だった(確認埋蔵量世界第9位)。その結果メジャーはリビアで、長い間の石油権益を失った。世界の力関係は変化しつつあった。頼みのアメリカも当時は、ベトナム戦争の泥沼に足を取られ、ドルは暴落していた。

田中角栄の中国における戦略的成果

このころ、日本は戦後初めて、アメリカとの間で一大経済摩擦を抱えていた。日米繊維交渉の迷走である。

日本の繊維のアメリカ向け輸出をめぐる日米両国間の話し合いは長びき、アメリカは経済ライバルに再登場してきた日本に怒りと反発を強めていた。

戦後の世界を形づくってきた超大国アメリカによる世界支配、これをパックスアメリカーナという。アメリカの秩序のゆらぎと日米経済対立、そしてエネルギーメジャーの動揺。こうした時代の変動を背景にして、日本の政財界の一部から澎湃《ほうはい》としておこってきたのが、対米自立こそが日本の国益になるのだ、という意見だった。

なかでも資源の自立化は緊急で、資源なくして、今後も日本経済の発展はありえない。メジャーが独占してきた世界の資源のなかで、まったくの手つかずだった中国石油こそ、日本がまず押さえるべきポイントである。しかも、この中国石油こそ、国連機関が世界最大の埋蔵量をもつサウジアラビアに匹敵すると予想する一大資源スポットだったのである。

繰り返しになるが、田中は訪中後、中国内陸の大慶油田の対外輸出分のうち、約半数を日本に輸入することに成功している。また海底の油田では、欧米メジャーに伍《ご》して、採掘協力も実現した。おぼえておいてほしいのは、田中角栄の対中国資源戦略とODA供与の目的が重なり合っていることだ。

資源確保の国家戦略は、日本の中国向けODAのうち、79年に決まった第1次円借款のプロジェクトを見れば、一目瞭然《いちもくりょうぜん》である（85ページ図表参照）。

このときの円借款事業は全部で6つある。具体的にあげると、沿岸部の石臼所港の建設や、兗州・石臼所間の鉄道建設、さらに北京・秦皇島間の鉄道拡充工事、秦皇島港拡充事業は、いずれも内陸の石炭や石油を海外に輸出するためのインフラ建設なのである。円借款だけではない。同時期の日本輸出入銀行からの資源ローンも、内陸の資源開発を目的に始まっている。

田中角栄の資源戦略と国交正常化。盟友大平正芳の決断した中国向けODA。この二つは正確につながっている。それは資源なき日本が欧米メジャーが手をつけていなかった隣国・中国のエネルギーを獲得しようとしたものだった。田中・大平コンビの大陸政策には、明確な国益と戦略がうかがえるのだ（同じように石油輸入の狙いで、中国と並んでインドネシアに大量のODAが実行中）。

田中はやがて、アメリカ発のロッキード事件に直撃され、失脚する。これを謀略とみる人々が指摘するのは、エネルギーの自立外交と中国接近などの政治的な背景である。そして公然と、口にするか否かを問わず、田中角栄の遺伝子を受け継いでいる橋本派（経政会）の幹部はいまでも、ロッキード事件を「アメリカの虎の尾を踏んだ」ためとみる。

福田赳夫がアメリカに「邪魔者」呼ばわりされた理由

彼らを「抵抗勢力」と決めつける小泉首相もまた、アメリカの中国政策に強烈なトラウマを持っている。話は1978年5月。彼の恩師だった福田赳夫《ふくだたけお》首相のアメリカ訪問にまでさかのぼる。

異様な訪米だった。

ホワイトハウスの主はジェラード・フォード大統領からジミー・カーター大統領に代わっていた。すでにアメリカの中国政策は、第三世界で攻勢をかけるソ連に対抗して、中国を反ソ連合に組み込み、準同盟関係を構築することだった。カーター政権内部でそのための強力なイニシアティブをとったのが、ブレジンスキー大統領補佐官である。アメリカの世界戦略にとって不可欠なのが、太平洋を挟《はさ》んで、アメリカ、日本、中国との三国間に戦略的な協調のブリッジをかけることだったのである。

日本に具体的に要請されたのは、長く、懸案の日中平和友好条約の締結である。だが、日本国内には反対勢力も少なくなかった。なかでも最大の異議申し立てグループは、ほかならぬ福田派に所属している議員たちだった。そのため、自民党内はなかなかまとまらない。

首脳会談の席でカーターは福田の不明朗な姿勢に対して、強烈な不快感といらだちを隠さなかった。彼が日本側に要請したのは①日中平和友好条約の締結の決断②アジア太平洋の経済構想のふたつだったという。いずれも、中国をソ連から切り離し、鄧小平の資本主義的経済政策を好機に、西側陣営に大陸市場を取り込もうという戦略的狙いがうかがえる。だが、福田はカーターの期待に応えられなかった。彼は米国の世界戦略に適応できなかったのだ。

福田が語ったのは、在韓米地上軍の撤退計画の白紙化、台湾の維持、米軍のアジアにおけるプレゼンスの堅持だった。これでは日韓台湾同盟論であって、旧態依然とした資本主義と社会主義の対決論にすぎない。中ソ2大社会主義国を分断し、北京と組むことで、世界的にソ連と対決していく。

このカーター・ブレジンスキー戦略とはかみあうはずがない。

福田訪米直前に発売された外交問題誌『フォーリン・アフェアーズ』はバーナード・ゴ

ードン・ニューハンプシャー大学教授の論文を掲載して、福田を迎えるワシントンの狙いを一言で述べている。

『日本の目標はアメリカのアジアでの努力にシンクロナイズすることにある』

福田は『シンクロナイズ』できなかった。怒れるカーターは、共同声明を出さなかった。歓迎の宴も開かれていない。さらに首脳会談自体が会談時間も予定時間前に、早々と切りあげられたのだった。

ニューヨークタイムズは、福田首相を『過去の波を代表する政治家』と決めつけ、『邪魔者は去れ』とまで酷評した。

なぜ、こんなことをわざわざ紹介したのか、というと、実はこのときの福田首相の秘書こそ、現総理大臣小泉純一郎だからである。

小泉の対米トラウマ。その原体験はここにある。アメリカの世界戦略に対抗した田中角栄、戦略にシンクロできなかった福田赳夫。彼らがホワイトハウスからどのように扱われたのかを小泉は目撃している。

平和条約はその後、福田の党内とりまとめで、急遽中国との間で妥結し、8月に署名、10月に発効した（アメリカと中国の正常化は12月に発表され、79年1月に正常化実現）。

だが、この年の自民党総裁選挙で福田は大平に敗北。政権を去った。

大平は79年北京で日本の中国支援に関して講演した際に、こう語っている。

『中国の近代化政策は世界の国々が祝福している。より豊かな中国の出現はよき世界につながる。……日本の経済協力はわが国の独自の考えに加え、世界の期待に裏づけられている』

「より豊かな中国」はソ連の覇権主義に対抗できるし、潜在的な有望な市場に成長しうる。大平はこのカーター戦略に「シンクロ」しながら、同時に資源の安定的確保という「わが国独自の考え」を中国向けODAに求めたのである。

円借款は米国実業界には日本資本の中国接近とのからみで警戒されつつも、対ソ包囲を目指すホワイトハウスはこれを歓迎した。そうした戦略的な援助だったせいか、中国はベトナムと野戦争（中越戦争）にかかった戦費を依頼してきたというエピソードも残っている。大平はもちろん拒否した。

田中の正常化交渉といい、福田の平和条約の締結といい、日本の中国外交には、つねにアメリカの影がつきまとう。対中国ODAにしても、同様である。現在のブッシュ政権は、中国を「戦略的ライバル」と見ている。当然、日本の中国援助を歓迎していない。日本の対中国ODA削除の最大の理由は、財政上の逼迫《ひっぱく》や国民の間での嫌中国感情だが、アメリカの微妙な姿勢も小泉の背中を押している。

ODA腐敗の構造は、どこから始まったか

そのODA。当初は紹介してきたように外交戦略上の意味を持っていたが「日中友好」の美名のもとに、個々の事実に対する情報公開と監視もなくなってくると、それにつれて癒着と腐敗の匂《にお》いが漂ってくるようになる。

腐敗はまず、援助の具体的なプロジェクトに、中国の最高指導者の関係者が公然と関与してくることから始まった。この具体的なケースとしては、1章で鄧撲方の例を紹介した。

要人の血縁者案件に群がり、工事などの受注を期待する関連業者がワイロをエサにして彼らに接近するという腐食構図は、中国にかかわらず、東南アジアなどの独裁制度の諸国では一般的に見られる傾向である。だが、中国の場合の特徴は、国会でもマスコミでも、このことにどこからも、一切批判のメスが入らないことだった。「日中友好」は異論を許さぬ葵の御紋なのである。

具体的に指摘しておきたい。第1次円借款のリストを見てほしい。6大案件のうち、港湾と鉄道建設の4つが資源がらみの供与であったことは、すでに述べたとおりだが、それ以外に五強渓水力発電所建設（1・40億円）がある。

この水力発電所事業は当時の最高指導者であった華国鋒《かこくほう》主席が大平首相に対して行なった直々の依頼だった。理由は、建設が予定されている湖南省が、彼がかつて文革中革命委員会のトップを務めていた場所だったからにほかならない。華は日本からの低利の経済援助を自分の地元の開発予算に使おうとしたのである（五強渓ダムが華国鋒の依頼によるものだったというエピソードは朝日新聞の船橋洋一氏が自著で明らかにしている）。

そうした事情もあってか、同プロジェクトは80年に華国鋒が辞任、失脚するやいなや、見直しが行なわれ、この建設資金は上海の宝山製鉄所などに回されている。

当時、宝山製鉄所が、新日鉄などの日本企業から導入しようとしていた最新鋭の工業プラントが、資金不足から次々にキャンセルされるほど財政事情が逼迫していたことも一因だが、それ以外に宝山製鉄所建設が、華国鋒を追放した鄧小平ら近代派グループが政治生命をかけて成功させようとした一大プロジェクトであったことも大きな理由である。その間の様子については、山崎豊子の『大地の子』を読んでみてほしい。事業をめぐる華国鋒派と鄧小平派との暗闘がよく描かれている。書かれていることはほとんど事実である。宝山製鉄所は、いまでは中国最大の鉄鋼会社に成長し、発足の経緯から、新日本製鉄とのつながりが強固である。

整理しておくと、第1次円借款の大規模援助の案件のうち、石臼所港の建設は鄧小平の長男・撲方の政府系コングロマリット「康華実業発展公司」が窓口になった。また共産党主席で、当事者の華国鋒が日本側に依頼してきた五強渓水力発電所が、リストアップされていた。

膨大な公共事業を任されたのは、要人の子弟や部下などだった。ここにODAのネポティズム（縁故主義）化が露骨に始まることになる。そして、その周囲には、日本企業を含む内外の企業関係者が群がるようになった。

公的なジャパンマネーを仲介にして、日中両国の政治家は互いの大企業関係者に発言力をもちはじめる。

出す側と受けとる側。いずれにとっても日本のカネを握ることが政治影響力の源泉になってゆく。

中曽根康弘の「援助」の実態

つづく第2次円借款は、中曽根康弘首相の手で、84年3月の中国訪問時に約束された（85ページ図表参照）。

7つの案件が決定し、総額5709億円が89年度まで6年間、供与された。

第2次ODAで問題なのは、2章で詳しく紹介したように、「日中友好青年交流センター」（103億円）である。センターは、日中友好病院、日中環境保全センターと並ぶ3大無償条件のひとつである。その無残な現状は、レポートしたとおりである。

誕生したセンターの現場は、外務省のいう「日中両国の将来の架け橋になる青年の交流を目的」にしたものとは、まったく無縁な現状にある。豪華なスイミングセンターで汗を流しているのは、地元のリッチな中国人親子である。敷地内で営業しているのは韓国系レストランである。語学専門所に宿泊しているのは、数える程度しかいない日本人学生ではなく、ほとんどが韓国人たちなのだ。

センターの建設は、日本と中国の両国外務省の管轄下にある諮問機関「二十一世紀委員会」（日本側座長・石川定雄慶応大学塾長）が答申したものだった。当時、この提言をまとめた有識者の方々は、その後現場を訪れたことがあるのだろうか。彼らにはぜひ足を運んでほしい。そして当局の言うがままに、センター建設をヨイショした報道関係者も、そうすべきだろう。

青年交流センターだけではない。2章で触れたように、中国肢体障害者センターも問題案件である。身障者への人道的な援助が悪いというのではない。問題にしたいのは、この団体への内外からのカンパが最高実力者に対するある種の政治献金ではないかと疑惑のまなざしで一般市民から見られていて、そうした不透明なカネの流れが、天安門事件暴発の引き金になっていたという事実である。

事実、疑惑を裏づけるように、私の取材に対して複数の日本商社が「身体障害者団体へのカンパが、鄧小平のファミリーへの政治献金だと言われても、否定しがたいものはある」と答えている。中には「あの団体はODAの窓口（＝石臼所港建設）になっている。カンパは当然ではないか」と開き直った企業もある。

天安門事件は、中国が開放政策をとってから初めて起こった大規模な反政府運動であった。西側諸国はデモ隊への軍事的鎮圧に抗議して、中国に対する経済制裁に踏み出し、日本政府もこれに同調した。だが、人権弾圧に抗議するのなら、事件の背後にあった高級幹部の子弟たちの権力を背景にした跳梁跋扈《ちょうりょうばっこ》にこそ注目すべきだったのである。なかでも最大の腐敗シンボル「康華実業発展公司」と表裏一体の「肢体障害者センター」に対する無償援助も改めて再考すべきではなかったのか。というのも同センターは95年まで内部の会計報告すらオープンにはしていないくらい、ルーズな運営を行なっていたからだ。

援助自体が悪いとは言わないが、事件発覚の時点で、これまでと新規の援助を再点検してみるという選択肢はあったはずだ。センターは日本のカネで近代的な中心施設を建設し、いまも医療機器の購入やリハビリ要員の訓練にまで、日本の無償援助を受けている。まるで何事もなかったかのように。

形だけの「経済制裁」だった。

鄧小平《とうしょうへい》の子供たち

鄧小平には5人の子供がいる（肩書きは97年当時）。

長女　鄧林《とうりん》（1941年生）　画家　東方芸術交流協会理事長

中国国際友誼進会理事長

（夫）呉健常《ごけんじょう》（1939年?生）　中国有色金属工業総公司社長

中国有色金属進出口総公司会長

長男　鄧樸方《ぼくほう》（1943年生）中国身体障害者連合会主席

（妻）高蘇寧《こうそねい》（生年不明）樸方の保険医

次女　鄧楠《とうなん》（1947年生）中国国家科学技術委員会副主任

（夫）張宏《ちょうこう》（1947年生）中国科学院科学技術開発局長

三女　鄧榕《とうよう》（1950年生）鄧小平弁公室（事務所）最高責任者　秘書

国際友好連絡会副会長

（夫）賀平《がへい》（1949年？生）人民解放軍総参謀装備部部長（少将）

次男　鄧質方《とうしつほう》（1951年生）四方集団総裁

（妻）劉小元《りゅうしょうげん》（1952年？生）高級技術者

（『鄧小平辞典』北京・紅旗出版、および『中国第一家族』香港・明鏡出版参照）

2男3女、それに配偶者を加えて全員で10人ということになる。

このうち、実に4人が日本のODAに関わっている。

「日中環境センター」は鄧の次女のプロジェクト

長男樸方が関わった事業は第2次円借款の対象だったが、この後、第3次円借款の目玉になった環境プロジェクトの中心人物も鄧一族のメンバーだった。

主役は次女の鄧楠《とうなん》である。彼女が仕切ったのは、無償援助に選ばれた「日中友好環境保全センター」(90年から94年まで、5年間で総計103億円)である。技術援助案件でもあり、センター建設、プラス技術支援が無償で供与される。

環境センターは、折から問題になりつつあった環境汚染に対処するための研究機関(情報センター)を北京に作るというものだった。94年にセンターは完成した。

環境センターは中国の環境局が運営機関である。ODAの環境案件もここが窓口になる。

鄧楠は、当時国家科学技術委員会(現・国家科学技術省)の副主任。夫も同じく政府官僚で、科学院の科学技術開発局の局長だ。夫婦そろって、環境局とは無関係で、それなら直接彼女にこの無償事業を決裁する権限はなさそうにみえる。だが……。

「彼女が来日して、環境セミナーの講演に顔を出すと、その後に開かれるパーティではトップ企業の社長クラスが争うように彼女に名刺を差し出す」

大手新聞社の経済部担当記者は笑いながら、こう話す。

一流企業のトップが鄧楠に殺到したのは、彼らが中国国内でODAがどのようにして決まるのかを熟知していたからである。環境案件だからといって、必ずしも環境局が決定権を持つというわけではない。

日本のODAのうち、円借款と無償援助の二つは国務院（政府）の対外経済貿易協力省が担当する。これが一般的な決まりだった。

だが、超大型のプロジェクトの場合は、上級クラスの国家計画委員会と国務院の直接の承認が必要になる。上海の浦東新国際空港などがこのケースだ。

さらに超大型とまではいかない大中クラスのプロジェクトは、国家計画委員会の単独の承認を受けるだけでいい。

さらに規模の小さい案件は、担当官庁の承認だけで処理される。

これがODAと担当機関との関係である。案件の規模や金額が大きくなればなるほど、上部機関の関与する度合いは深まる。

その結果、日本の公共事業の決定プロセスを考えてみればわかるように、予算の規模が大きくなればなるほど、特定の政治家や官庁の政治的な思惑に左右されやすい。

これは円借款と無償援助の場合だが、経済協力にはさらに技術協力というのがある。この場合は先の二つの援助とは違い、国家科学技術委員会が一括して受け持つ仕組みになっているのだ。

具体的には、日本に対してどういう援助を要請するか、どんな計画を立ち上げるかは、まず最初に、国家科学技術委員会の国際科学技術合作局と新技術局で検討される。その後で、同委員会の主任か副主任が承認するという流れになっている。ここをパスして初めてプロジェクトは正式に決定される。

つまり、第3次円借款の対象事業の「日中環境センター」の場合は、「無償援助」と「技術協力」がセットになっているために、国家科学技術委員会の主任か副主任が最終的権限を握っていたのである。

当時の副主任は、ほかならぬ鄧楠である。

彼女の関わりはそれだけではない。

その前に彼女が就いていたポストは、科学技術局副局長である。この科学技術局の仕事というのが、国内の環境計画全般を直接担当することだったのだ。つまりODAを利用して環境センターを建設するとの構想は、もともとこの技術局から出されたプランだったのである。

「日中環境センターは鄧楠プロジェクト」との陰口があるという。

その理由はここにある。つまり鄧楠が計画し、彼女が承認した援助事業というわけだ。

このセンター内部には、およそ環境事業とは無関係な「核シェルター」まで作られている。核攻撃を受けた際に、彼女たちが逃げ込もうというのだろうか。

無償援助が合法的ワイロに堕する危険

ここまで見てきたように、鄧樸方の「中国肢体障害者リハビリセンター」にしても、鄧楠の「環境センター」にしても無償援助である。このように鄧一族の関わったODA案件には、無償援助の多いのが特徴である。

また、長女・鄧林《とうりん》の夫・呉健常《ごけんじょう》も「非鉄金属鉱業試験センター」（北京）の建設に顔を出す。これも無償援助案件だ。

では、無償プロジェクトになぜメリットがあるのか。

「単純な理由です。返済の義務がないからです」

当然といえば、当然だ。

こう解説するのは経済産業省の円借款事業の関係者だ。

「無償援助というのはタダで相手国にあげるということ。しかも供与した後、日本側はどう使われたのかのチェックもしない。もらう側にとってこれほどありがたいカネはない」

さらに、

「無償案件の場合は要請主義といって、こういう計画に援助をしてもらいたいという中国サイドの意向が最も重視されます。日本企業の関与は噂されますが、日本政府自体がこうしろ、ああしろという性質のモノではないのです」

ODAに影響力を持つ人物の思惑が反映しやすいシステムなのだ。

鄧一族はODAに寄生した、といってもいいだろう。これほど特定のファミリーにODAが集中していること自体が普通では理解できかねる話である。

企業にとっても、ODAはオイシイ。取りっぱぐれがないからだ。納入した製品も、元をただせば日本人の税金から必ず代価が支払われる。日本国内の公共事業と事情は変わらない。

公共事業を摑んでいた政府自民党が、それを最大の政治的パワーにしてきたように、中国でもまた巨大なジャパンマネーを摑んだ人間が力を持てたのだ。

ODAを握っていたからこそ、鄧樸方の身体障害者団体にカンパが集中したのである。ODAの環境マネーに発言力を持っていることで、鄧楠は父親の死後も政治力を持ち得ているのである。

日本のODAは無償援助が少なく、有償（円借款）が多いと批判する声がある。だが、無償援助はよほど透明度を高め、相手国政府も民主的なシステムを持っていないと、合法的なワイロに変質しやすい。対中国ODAはその格好の見本である。

父の死とともに失脚した三女

鄧には長女、次女に次いで、三女がいる。鄧榕《とうよう》である。彼女の名前は、日本でも知る人は多い。父親の自伝ともいうべき『わが父・鄧小平』（徳間書店）を書いたのが彼女だからだ（ペンネームは毛毛である）。

実は、彼女は個別のODA案件には関係してはいないものの、中国で最大の対日発言権を持つ団体に属している。「国際友好連絡会」（黄華会長）がそれである。

この副会長にして、実質的な権力を握っていたのが彼女なのだ。

鄧榕のこうした権力の秘密も、父親とのつながりにある。

最高実力者だった鄧小平のメッセージを、日本の首相に会見、手渡しできたのは彼女だけの特権だった。それだけではない、父親の同世代や後輩とのコネも豊富にある。彼女は赤い貴族たちとの血縁を、マネーに換えていたのである。

一般には知られていないが、日本を代表する某有力財団のトップと彼女とのつながりも実に深い。

だが、父親あっての政治力である。父の死は、彼女の落日の始まりでもあった。

「江沢民が鄧小平に抜擢《ばってき》されて総書記に就いたという事情もある。そのため完全に粛清されたというわけではないが、現在では、上海など一部地域にしか影響力を持っていない」

と事情通は語る。

エネルギー支援プロジェクトを牛耳った男・李鵬全人代委員長

2000年10月、ある事件がおこった。大手日本総合商社・三井物産の日本人属託社員が、中国捜査当局に贈賄容疑で逮捕されたのである。物産側は事件の概略の説明を拒否したが、中国の人民日報系の「京華時報」の報道によると、収賄側の人物は中国・国家電力公司の元国際協力局長で、ワイロの目的は浙江省の水力発電所の建設受注工作であったらしい。

「(物産社員は) 人を介して元局長と知り合い、散々飲み食いを重ねて関係を深め、発電所の最低入札価格や借入金の予定金利を聞き出した」

「98年、三井物産はこの元局長を日本に招いた。その際ホテル内で彼に2万5000ドルの入った資料袋を渡したが、これだけでは少ないと判断して、帰国直前、空港に向かう車中でさらにお土産代として1万ドルを元高官に渡した」(同記事)

ワイロは元局長の部下の国際協力局の元課長にも数回渡された、とある。

生々しい話である。だが、事件は元高官に懲役15年の判決が下され、三井物産も会社と社員に有罪判決が出たものの、拘留中の日本人スタッフは即日釈放され、事件には事実上幕が引かれたのである。

事件の構図は単純といえば単純なものである。民間企業が中国での商談を有利に進めるために、許認可権をもつ政府要人にカネをつつんだ。これだけの話だった。

だが、ニュースを聞いて、顔色の変わった人たちがいた。ＯＤＡ関係者だった。

なぜなら、逮捕者を出した国家電力公司こそ、日本の中国援助に頻繁に顔を出す政府機関であり、そのトップにいたのが当時江沢民主席についで、ナンバー2の実力を誇った李鵬全国人民代表会議常務委員長だったからである(2003年3月引退)。

李鵬。彼こそ対中国ODAの中国側の影の主役だった。

李鵬は亡き周恩来首相の養子である。実父が革命の途上で死亡した後、周と妻の鄧頴《えい》超《ちょう》が彼を育てた。革命家の遺児であり、周を養父としていることから、李鵬は実力者の長老たちに可愛がられた。20代で旧ソ連に留学し、モスクワの動力学院で学び、帰国後は79年に国務院の電力工業省の次官に昇進。その後81年に電力工業部部長、82年に水利電力部の第一副部長に就任した。

経歴を見れば一目瞭然、生粋の電力プロパーである。首相就任後もこれは変わらず、あの三峡ダムの最高責任者も彼が務めている。

李鵬がエネルギー分野に影響力をもてたのは、彼のキャリア以外に、養父周恩来の遺産もある。周は49年の建国以来、76年に物故するまで、30年間もの間、政府の巨大官僚を支配してきた。周は官僚群を握ることで、絶対的な毛沢東の最高権威と、林彪《りんぴょう》の支配した人民解放軍に対抗しえたのである。

政府機構のなかでも、一番計画経済のふさわしい分野。それが資源エネルギーだった。国家の財政的支援なしにはまず計画自体がなりたたない。政府の関与の度合いは強く、それだけに政治的干渉は日常的である。

資源確保を目的にする電力開発。この分野の支援として、日本からODAや輸銀ローンが膨大な額で供与されている事実にすでに触れた。

「三井物産のワイロなんて普通のこと。浙江省の水力発電所は金額も小さい。ODA案件の場合は予算も大きいし、日本の支払いなので取り立ても不安はない。中国側に渡す袖の下は千万単位ではきかないこともある」。別の総合商社の中国駐在員の告白である。

彼によれば「物産が国家電力公司の部長に工作したと報道されているが、現場の感覚では、明らかにおかしい。部長以上のクラスにもカネはわたっているはず。それ以上を摘発することは事実上不可能」なのだという。上部への贈賄捜査は政治的判断で行なわれずに、トカゲの尻尾を切って手打ちになったようだとも。

疑惑の案件がある。

1984年、日本から773億円の円借款をうけて、広西省と貴州省の境の紅水河水系に建設された発電所（最大出力220W×4）と送変電設備（送電線延長1440km、発電所5カ所）建設プロジェクト＝天生橋（尉索）水力発電と、91年に同じ河川に新規に建設された円借款406億円の発電所（120万KW）、送電線（930km）プロジェクトがそれである（天生橋第一水力発電）。

ふたつの建設計画に直接タッチしたのは国務院の水利電力部であった（98年に行政改革で統合）。李鵬の組織地盤である。しかも李は84年から95年まで首相のポストについていた。

84年当時の電力部長は銭正英（女）といい、88年に政治協商会議（日本の参議院）の副主席に転じる。同時期に主席に就任したのが、李鵬の養母であり、周恩来の妻であった鄧穎超だった。銭は建国以来、水力畑を歩いた周恩来ラインの女性である。鄧とも李鵬とも旧知の関係にある。

銭は日本の援助案件の話し合いのため、訪中した日本の国土庁関係者と何度も会見している。

このように、天生橋（尉索）案件は中央では、李鵬＝銭正英ラインが発言権をもっていた。では、肝心の建設場所である貴州・広西族チワン族自治区はどうか。

ここにも李鵬の腹心がいた。名前を成克傑という。彼は援助が実施されていた12年間の間、86年8月から広西自治区の副主席を務めた人物だった。彼は李鵬の最側近である。

成は後に、李鵬が全人代の常務委員長に就任するやいなや、副主席のポストを得ている。露骨なネポティズム人事というほかない。

91年に実施が決まった天生橋第一電力の場合はどうか。成はすでに自治区主席に昇進している。自治区内部の大型工事には、すべて彼の裁量が及ぶ立場にいた。

許認可権や業者の選択は監督官庁が受けもつ。その官庁のトップの人事権を李鵬は握っていた。

中国南部に日本の援助で建設された2大水力工事は、全土にはりめぐらされた彼の裁量で処理される構造になっていたのである（成克傑はその後、失脚。2000年に共産党を除名され、建国以来初めて汚職で死刑に処せられた。理由は93年から97年にかけて、建設開発事業に絡んで業者からワイロを受け取り、事業の便宜を図ったことだった。「業者」は中国だけではなかったらしい）。

李鵬の疑惑は家族にも及んでいる。長男の小鵬は電力会社「中国華能国際電力集団」のトップの地位にいるが、数年前、父の引退が近づくにつれて、彼が泰山原子力発電所建設に絡んで、内外のビジネス関係者から、公然とワイロを受け取っているとの風評が流れたことがあった。実は噂された業者のなかに、日本の総合商社の名前もある。中国進出に関しては、ナンバー1の実績をもつ伊藤忠商事である。

なぜ、それがわかったのかというと、伊藤忠が泰山原子力発電所の設備受注をめぐって、中国側要人に膨大な金額を渡しているからである。その額、実に4億円。

この事実が発覚したのは、大阪国税庁の捜査によってである。同社は4億円を情報提供料の名目で申告していたのだが、国税庁はこれを悪質とみて、重加算税を含めて、追徴課税した。2002年1月3日付の新聞各紙の報道である（裏金工作について、中国政府は三井物産だけを摘発し、伊藤忠は放免された。それは両者の最高指導者につながる人脈に関係があるのではないのか。このあたりの事情は『中国に再び喰われる日本企業』（小学館文庫）を参照）。

伊藤忠が李小鵬にワイロを贈ったとは断定しない。だが、李の汚職がらみで話題になった案件というのが、同社が大阪国税庁から4億円の所得隠しを指摘されたこの浙江省の泰山原子力発電所だったことも事実なのだ。

李鵬ファミリーの錬金術が問題なのは、泰山原子力発電所建設が、ほかならぬ日本の旧輸出入銀行からのローンの対象案件だからだ。発電所が購入する設備をどの業者から買うのか、その選定権は李ファミリーのさじ加減ひとつだった。争うように殺到した業者からのワイロはファミリーを富ませた。

日本の援助は円借款も輸出入銀行（現・国際協力銀行）のローンにしろ、ほとんどひもつきでない（アンタイドローン）。つまり日本のカネであっても、借りた中国側はどこの国から購入してもいいのである。その結果、中国は日本のODAをカードにして、逆に内外の政府や企業を操ることが可能になる。ODAを外交戦略に使っているのは、中国の側だとも言えるのだ。

内外の企業が中国政府の高官に贈賄する場合、本人に直接渡すような泥臭いことはしない。彼と近い周囲の人間を使うのである。①家族（親戚も含む）②部下③影響力をもつセクションにカネが流れる構図なのだ。

日中青年交流センターの場合は、胡耀邦元総書記が最大の影響力をもつ「全国青年連合会」だった。この場合は③にあてはまる。泰山発電所の場合はエネルギー事業のドン・李鵬の長男で、自身の中国6大電力会社のひとつ「華能国際電力公司」のトップについていた小鵬が窓口だった。彼は血でつながる「第二の李鵬」でもあったのだ。鄧小平ファミリーの場合もカンパが父親への献金だったと書いた。鄧の子供は父親の代理として、カネを手にしたのだ。②のケースが三井物産のワイロを手にした国家電力公司の国際協力局長だ。彼は李鵬の電力人脈の末端の官僚だったという。

今年（＝2003年）3月李鵬は引退した。引退の1年前、李は最後の日本訪問を実行している。正常化30周年の旅だった。

会見した日本人のなかには橋本派の橋本龍太郎元首相と妻・久美子がいた。橋本はこの30周年の記念行事である「正常化30周年成功発展会」の会長でもあった。その前日、李は「古い友人」平岩外四《ひらいわがいし》最高顧問の待つ東京電力本社を視察した。その日の夕刊には、社内の最新鋭の電力機器を見学中の李鵬夫妻の姿が写真入りで報じられていた。東電は中国のエネルギープロジェクト参加に実績をもつ日本有数の電力会社である。橋本と会い、東電を視察した李鵬を見たあるODA関係者はこういいきった。

「李鵬は引退後も影響力の温存を狙っている。橋本と東電。みんな援助がらみじゃないですか」

中国の市場経済を支えつづけた竹下登

天安門事件当時の日本の首相が竹下登であった。彼は中国要人が「大恩人」とベタ褒めする日中関係のドンだった。85年に竹下の旗揚げした創政会ショックで田中角栄は倒れ、事実上、政治生命を失った。田中派は竹下と二階堂進の2グループに分裂。当初、中国が信頼していたのは、国交正常化のときに官房長官として中国を訪問した二階堂だった。
だが、二階堂にはアキレス腱《けん》があった。カネがないことである。このころ、鄧小平らは、農村の改革を終え、膨大な再開発資金を必要とする沿岸の都市部の改革に着手していたところだった。具体的には通常のインフラの整備と外国企業を誘致するための、工業開発区の設立が急がれていた。だが、そのためのカネは中国にはなかった。海外からの民間資金の投資も指導部の懸命な呼びかけにもかかわらず、大きく増えてはいなかった。中国の先行きを不安視する見方が消えなかったからだ。そのため、唯一の生命線が日本のODAだった。

読者の方に覚えておいていただきたいのは、中国の開放政策が始まった79年から、市場経済政策が共産党大会で可決された94年までの15年間に、中国の大地に投じられたマネーのうち、民間資金と各国の公的援助のなかで、日本の援助が全体の半分近くを占めていることである。世界からマネーが集まって、躍進中国が注目されたのは、90年代半ばからのことで、それまでは将来の不安からみな二の足を踏んで、海外マネーが中国に向けられることは少なかったのである。何度も挫折《ざせつ》しかかった中国市場経済のカンフル剤になっていたのが、日本の公的援助だった。

日本だけが例外的に、膨大な額の中国支援を続けていたのである。

現在、中国ＯＤＡに日本社会から反発と見直しの機運が高まっていることから、中国サイドからも日本のＯＤＡ不要論が出ているかのような一部報道がある。

大嘘である。

人民日報や新華社に掲載された中国要人の発言をちゃんとチェックしてみていれば、少なくとも最高指導者のなかで、援助不要論を口にした人物はいないことが理解できる。中国がこれほど好条件の支援を自分から手放すはずがないのである。

第３次円借款は総額で８１００億円（90〜95年の6年分）、第２次円借款（４７００億円。後に７００億円が資金還流処置でプラスされた）の実に１・７２倍に膨《ふく》れ上がっている。さらにこれが第４次円借款になると、第３次の総計額を20％も超えた。

当然、竹下を賞賛した中国首脳の発言は、枚挙にいとまがない。

「少ない金額ではない。中国人民を代表して感謝したい」

これは竹下が総理に就任した直後に決定した第３次円借款に対して、鄧小平が語った言葉である。竹下の気配りは鄧を感激させた。

「竹下先生は日本の中国援助の最大の功労者」

李鵬首相（当時）は第4次円借款の供与に際して、こう竹下を持ち上げた。いずれの発言も、中国近代化の一番のアキレス腱だった資金の提供者が竹下であった事実を裏書きしている。

竹下もこう言い切った。

「第3次、第4次の援助に直接関わってきた。そのことを誇りに思っている」

「第3次、第4次の援助に直接関わってきた」竹下元首相時代の円借款は、単純に合計しても、実に1兆8000億円近くに達している（重複したものや還流金もあるので、おおよその数字ではあるが）。

竹下の援助はODAに限らない。

旧輸出入銀行の資源ローンは、竹下の影響力の強い大蔵省（現・財務省）の担当事項だという理由もあり、こちらも金額的に激増している。

ここで何回も登場する日本輸出入銀行（海外経済協力基金と統合。現・国際協力銀行）の中国向けローンについて説明しておく。最初の中国向け融資は1963年。池田内閣当時のことだった。だが、供与が本格化するのは対外開放の始まった79年からであった。目的は中国資源エネルギー開発にあり、そのため、資金は石炭・石油資源開発プロジェクト分野に重点的に供与された。具体的には第1次資源バンクローン（80〜84年）が4200億円。対象は山東省鮑店など7炭鉱、石油は華北油田、勝利油田など4油田だった。このあたりは田中角栄の資源外交を思い出してほしい。

以後、第2次ローン（85〜91年）、第3次ローンと現在まで援助は続く。

さらに大慶石油化学プラントや宝山製鉄所1期工事へも、総額300億円の資金協力を実行している。

輸銀ローンはアジア開発銀行など国際機関との協調融資も多く、エネルギー関連計画への融資を増大中だ。

日本以外でここまで大判振る舞いしてくれた国家も政治家もどこにもいない。おまけに、これほど好条件の援助もなかった。金利は低く、期間も長かった。しかも量も最大である。「中国人民を代表して感謝したい」との鄧発言は本音だろう。だが、援助の事実は国民に正確に広報されてはいない。

ODAに限らない。竹下は中国首脳の「日本企業はもっと中国に投資してほしい」との要望を受けて、民間マネーを中国に招じ入れることにも尽力している。90年3月に設立された「日中投資促進機構」がそれで、竹下と親しかった日本興業銀行の池浦喜三郎会長が音頭を取って生まれたものだ。中国への進出や投資を法的に保障することを目的にしたもので、天安門事件の国際的な孤立と外資の撤退に泣いていた中国首脳から大歓迎を受けた。

竹下が「恩人」と呼ばれたもう一つの理由

だが、竹下が中国政府から「恩人」と呼ばれたのは、単にカネだけが理由ではない。台湾。これがもうひとつのファクターである。

2001年春。政界を引退していた李登輝台湾総統が心臓手術を理由に、日本への入国を申請した。彼はその親日的姿勢や民主化を遂行した政治手腕などから、日本でも人気は高い。これに加えて、訪日に反対する中国からのたびかさなる日本への圧力への反発も加わって、日本国内では国民世論ばかりか、新聞全紙も「来日ビザを発行すべし」で一致、これは国交正常化以後初めてのことだった。政界でも森喜郎首相（当時）をはじめ、入国に前向きな声が少なくなかったが、自民党橋本派、河野《こうの》元外相、それに公明党などがこれに反対、外務省のチャイナスクールもまた、これに同調した。

結局李登輝来日は実現し、日本の台湾政策にも国交断絶化初めて風穴があいたが、実は李登輝総統が日本を訪問しようとしたのは、このときが最初だったわけではない。

李登輝が蔣経国《しょうけいこく》総統の後を継いで、中華民国総統に就任したのは、88年1月である。7月、国民党主席のポストにもついた。

国内の民主化を進めながら、一方で李がひそかに計画していたのが、日本とアメリカへの訪問だった。彼は日中両国が台湾と国交を断絶して以来の関係改善の一歩に両国訪問を位置づけていた。

91年7月。中華民国の李登輝総統が日本を訪問するという衝撃的なニュースが報じられた。日本側で招請に動いたのは、経政会の実力者だった金丸信副首相である。6月の台湾訪問の際に、台湾サイドから強い依頼を受けたものだった。

彼は親中国派閥の経世会内部でも、珍しく、台湾シンパを公言していて、それまでも大陸に足を運んだことはなかったし、中国政府の招請も断わっていた。夫人も台湾で李登輝とゴルフを楽しむほど、台湾当局とは悪い仲ではない。

ニュースに北京は緊張した。時期も時期だった。天安門事件の余波で、アメリカとの関係は依然悪化していたし、日本がさらに台湾最高首脳を迎えるとなると、外務省の対日セクションの高官や駐日中国大使の首は確実に飛ぶだろう。中国外務省は日本の中国大使館を通じて外務省に抗議したものの、なにせ、李登輝を招待したのが、政府与党の最高実力者にして、副首相を務める大物のことゆえ、らちはあかない。楊振亜駐日大使は竹下に泣きついた。「このままでは日中関係は悪化する」と。

竹下はただちに電話で金丸を説得、金丸も最後には折れて、李訪日を白紙に戻したのだった。以上は「人民日報」の紹介である。2001年の場合でも竹下健在なら、李登輝は日本の土を踏むことはできなかっただろう。

金丸は以後、中国を訪問したときも、日本の最大実力者であるにもかかわらず、鄧小平が会見を拒否するなど、暖かい歓迎を受けてはいない。

経政会のなかでも、金丸と最近まで小沢一郎《おざわいちろう》も親台湾勢力と見られて、北京の扱いは冷ややかだった。

竹下の中国人脈の有力なラインに汪道涵《おうどうかん》元上海市長がいる。江沢民の元上司であり、同時に台湾工作の窓口セクションである「海峡両岸関係協会」の会長を務めている。竹下のパワーの源泉。それはカネと台湾であった。極論すればこれ以外のモノを中国は求めてはいなかった。竹下はそれを満足させた政治家だった。第2の竹下はもう現われないだろう。

4章に登場した森ビルの上海での最初のビルである「森茂国際大厦」（ＨＳＢＣビル）も、上海出身の江沢民や江遣涵ら首脳から依頼を受けた竹下元首相がバックアップしたもので、そうした風評を裏付けるかのように、ビルの起工式には、竹下がじきじきに駆けつけている。だが、時代はすでに90年代も半ば。親しかった鄧小平もすでに不在。しかも世界中から投資が殺到し、日本との関係にはクールなころの親米世代が指導者に登場してくるにつれて、以前ほど竹下は大事にされていなかったようだ。

橋本龍太郎《りゅうたろう》・野中広務《のなかひろむ》のスタンス

竹下元首相の死後、同派は小渕恵三《けいぞう》に受け継がれ、彼が急逝してからは、橋本派に名前を変えていく。橋本派内部で、中国指導者に深いパイプを持っているのが、橋本龍太郎元首相と野中広務元幹事長のふたりである。

橋本は厚生族として有名で、同省の関与する支援案件に強い政治力を持っている。彼はかつて月刊誌に、中国機関の情報工作員にして日本語通訳をしていた女性と肉体関係まであったのでは、と書かれたことがある。名誉な話ではない。ただ、橋本が厚生省の関与する人道的支援の中国側窓口である「衛生部」などに影響力を持っているのは事実で、そこ

日本の無償援助にも日中両国政治家の影が

（上）鄧小平の次女・鄧楠のプロジェクト「日中環境保全センター」日本からの無償援助103億円。
（下）北京に建設された160億円の無償援助第一号・日中友好病院。40億円の医療機器も日本から。管轄する衛生部は『厚生族のドン』橋本龍太郎とつながりがふかい。

からこの種の報道に信憑《しんぴょう》性が強まったようだ。

厚生省＝衛生部のつながりで、日本の無償援助、なかでも医療分野の支援はほぼ決定する。援助を手に入れるための、セックスまがいの〝攻勢〟だった。

中国人女性との性的関係をささやかれている日本人政治家は、橋本ひとりではない。有名なところでは、某元文部大臣の名前は頻繁に登場してくるし、政治家以外でも、中国を訪問した超一流企業のエグゼクティブのなかにも、同じようなスキャンダルを抱えているのでは、と噂される人物はかなりの数にのぼっている。情事の現場を中国が押さえている、というのだ。

橋本派のもうひとりのキーマンは、野中広務元自民党幹事長である。同派の実力者で参議院に強力な政治力をもつ青木幹雄《あおきみきお》は、中国との関連ではほとんど名前は出てこない。野中と最も親しい中国側要人は曾慶江国家副主席。江沢民前国家主席の最側近である。これまでは野中＝曾ラインで、日中間のトップシークレットがやりとりされてきた。このチャンネルは小泉首相の靖国神社公式参拝問題の処理やODAに関する諸問題などに活用されてきたようだ。曾は骨の髄まで情報官僚で、最高首脳のプライバシーまで掌握できる中央弁公所の主任であった。以前、共産党のナンバー3だった喬石政治局常務委員は江・曾のコンビにより、引退に追いこまれたほどだ。

この野中人脈につらなるのが、公明党の冬芝鐵三《ふゆしばてつぞう》幹事長や堀内派の古賀誠《こがまこと》前自民党幹事長らで、政治的傾向はハト派的。中国との関係強化に熱心であり、アメリカとの関係もべったりというわけではない。イラクへの自衛隊派遣にも反対の姿勢をとっている。

彼らのそうしたスタンスはそれはそれで理解できるのだが、一方で昨今の中国の軍事大国化傾向に対する批判の少なさや民主化を実現した台湾への無関心で冷ややかな姿勢からは、時代の新しいパラダイム（枠組み）に対する柔軟な対応が感じられないのも事実である。

国交正常化からすでに30年。

中国はかつてとちがい、日本の協力相手であるだけではなく、警戒すべきライバルとしても登場している。また中国指導部の対外優先順位はまず米国ありき、であって、かつてのような対日外交重視の色彩は影を薄めている。とくに親米反日リーダーだった江沢民時代は日本への高飛車な対応が目に余るほど露骨だった。国内の反日教育やキャンペーンも、これが友好条約まで結んだ国に対するやり方か、と怒りに駆られるほど激しいものだった。その嫌中感情が、中国向けODAの削減を後押ししたのである。江沢民は石を持ち上げて、自分の足を打ってしまったのだ。

一方、日本国内において野中ら親中派に対する風当たりの強さは、世界一中国を支援をし、戦後平和憲法の下で、海外への軍事力派遣を禁じてきた日本への言いがかりとしか思えない誹謗《ひぼう》に沈黙するだけで、抗議ひとつしてこなかったことへの国民の怒りが理由である。もう嫌中感情は簡単には氷解しないだろう。

北朝鮮拉致問題へのクールな対応と並んで、野中らの釈明に、国民は納得してはいない。

聞こえてくるいやな噂

田中角栄と大平正芳が自民党内の批判を受けながら、断行した中国との正常化。そしてODA。ここにはまぎれもなく国益の追求があり、時代の要請もうかがえた。

それから30年。「日中友好」は制度疲労し、援助の意味も不透明化してゆくばかりである。

それでいて、いやな噂だけは聞こえてくる。最初に断わっておくと、これから紹介する話はあくまで噂であって、事実だと断定しているわけではない。だが取材を進めていくと、確かに誤解を招く可能性は否定できないと思わせるだけのものはある。

噂とは、亡き小渕首相が生前設立した「小渕基金」に関するものである。ODAとは別枠の予算になる。これまで①円借款②無償援助（資金・技術）③国際協力銀行のローンが対中援助の柱だった。これに新規に加わったのが「小渕基金」だ。

このファンドは、99年11月に日本と中国の間で交換公文を交わして設置された「日中民間緑化協力委員会」に日本政府が100億円の資金を拠出して、中国で植林緑化協力事業を展開している日本の民間団体（NGO）を財政支援しておこうという狙いで生まれたものである。自然保護や植林というと、竹下元首相の援助した「日中友好環境保全センター」が有名だが、小渕基金はそうした流れを受け継ぐものだと見られていた。

翌年の2000年、同基金から中国で緑化を行なっている日本のNGO23団体に総額で1億7000万円が交付されている。

同時に、北京で日中緑化協力記念植林造成式典が開催された。10月8日のことだ。式典に参加した日本側の顔ぶれをみると、野中幹事長を筆頭に、与党の冬柴公明党幹事長、野田保守党幹事長（当時）らに並んで、野中の最側近の鈴木宗男と松岡利勝《まつおかとしかつ》の両氏（いずれも橋本派所属）がそれぞれ「日中緑化推進議員連盟会長」と「会長代理」の肩書きで出席していた。ロシア支援で宗男ハウスなど利権がらみの噂にまみれ、現在獄中にいるあの鈴木宗男と彼の一番の友人といわれていた松岡代議士が、議員連盟の代表と代理を務めているのである。

ある議員に聞いてみた。

「小渕基金は文字どおり小渕恵三の提唱したファンドなのだから、彼が亡くなれば、橋本派がこれを受け継ぐのは当然。式典に出席したメンバーをみても、野中＝鈴木＝松岡ラインで、仕切っているようだ」

この緑化運動もそうだが、橋本派は環境案件に強い。他派閥とは実績がちがう。竹下登が首相時代に、日中友好環境保全センターに無償援助を供与したことに始まり、中国環境案件には有形無形な影響力を発揮してきた。

もともと竹下は環境保護国際会議の日本側会長を務めるほど（地球環境賢人会議）、環境族の有力者だった。さらに、ＯＤＡが批判を浴びはじめ、インフラ部門への支援が相対的に減少し、環境案件が増えていくと、その発言力はさらに増大していった。

環境分野の円借款は95年から99年にかけて、なんと50倍にも増えている（25億円から1245億円へ）。円借款の総額は1・4倍の増加にすぎない。

たとえば、99年度分の円借款のうち、環境案件は実に65%を占めている。

逆に言えば、環境プロジェクトは「おいしい」のである。

まずイメージが悪くない。公共事業の露骨なにおいもしない。NPO（民間非政府団体）にも好評である。当然国民の監視はゆるみがちになる。

環境援助といっても、実体は水質や空気の浄化、排気ガス対策など、内外の環境メーカーがODA市場に殺到しているのが現実だ。理念が間違っているわけではないが、利権が潜む危険性は確かにあるのだ。

たとえば、小渕基金で作られた「日中民間緑化協力委員会」。これは小渕内閣当時、鈴木宗男官房副長官が中心になって設立されたものだ。予算は政府の当初予算10億円と補正予算90億円の追加拠出でまかなわれた。つまり小渕基金とは、別に小渕元総理が自費を出して誕生したというわけではなく、あくまで国民の税金なのである。

大手マスコミが沈黙するなかで、週刊ポストが、委員会の疑惑に切り込んでいる。同誌によれば、①委員会は中国と共同で立ち上げた国際機関なので、会計検査院のチェックを受けることがない　②2001年6月段階で、拠出された100億円のうち、2000年が1800万円、2000年が2億2000万円しか使われていない、として、委員会には99億6500万円の資金があまっていて、そのうち、約75億円が事務局長個人名義の国債や社債購入に当てられているし、残りの25億も定期預金にされている。

同誌はこういう支援金の資金管理のやり方を鈴木宗男と外務省が行なっていた北方支援委員会とまったく同じではないかと告発している。

緑化疑惑はまだある。2000年、同基金から中国で緑化活動を行なっている日本のNPOに総額1億7000万円が交付されたことはすでに触れた。

交付リストを見た。名前はあげないが、このなかには、「日中友好運動」には熱心だが、これまで環境・植林ボランティア分野ではまったく聞いたこともない団体が登場している。

個々の交付金額は1000万円程度と小額だ。だがそれは日本での話。この程度でも中国現地では膨大な額になる。

ある日中関係筋が警告した。

「政治家のなかには、日中……とか適当に団体を作って、その顧問なんかに就任して、中国とパイプをつくろうという連中もいる。団体は金がないので、事務所の家賃まで代議士が払っているケースもある。実際は休眠中で、活動実態なんかないんです。こういう団体にボランティア援助が回っているのでは、とかんぐることはありますよ」

6章　中国は、日本のODAをどう見ているか？

――中国政府発行の本で、ついにわかった中国の本音

エリートでも、日本の援助を全然知らない

中国は、日本の経済援助については、ほとんど国内で広報していない。その結果、国民もほとんど実情を知らない。

だが、さすがに中国政府も、昨今の日本人の嫌中国感情に対してあせりの色が隠せなくなったようで、2000年秋には、急遽《きゅうきょ》〃日本のODA・経済援助に感謝する集《つど》い〃を北京で開いている。

来日した朱鎔基首相の口からも「日本のODAに感謝している」との言葉も出た。しかし、いずれも泥縄《どろなわ》式の対応で、政府が本腰を入れて日本のODAを国民に伝えはじめたわけではない。

たしかに『人民日報』も、日本からのODAに触れてはいる。しかし、この新聞は、しょせん共産党の宣伝紙であって、進んで読んでいる読者は一人もいないのが現実だ。紹介する記事も小さくて、ベタ扱いばかりなのだ。

現実を率直に見れば、一連の動きも、次のODA獲得に向けたアリバイ作りとしか映らない。

以前、ある旅行社の日本人スタッフ(女性)から不愉快な話を聞かされた。

中国の南京で、彼女は現地旅行社のガイドたちと一緒にいて、たまたま上海の浦東新空港の話になったという。

そのとき、彼女が、この空港には日本の第4次円借款から400億円が供与されているという話をしたところ、その場にいた中国人は誰一人、この事実を信じようとはしなかった。それればかりか、返ってきた答えは、

「日本人がそんなことをするはずがない」

逆に、中国人ガイドが張り切るのは、南京事件に話が及んだ時だった。

たまたま日本人ツアー客の中に、実兄が南京攻略戦に参加したという老人がいたそうだ。彼は何気なく、そのエピソードを口にした。その瞬間から、鬼の首でも取ったかのような糾弾《きゅうだん》が始まり、上海からツアーの一行を乗せてきたバスの運転手までがそれに加わったという。

およそ観光地にふさわしからぬ異様な光景である。ましてや日本人ツアー客は、自腹を切って南京まで観光に来たのである。

この日本人添乗員の女性によると、

「南京はとくに気を使います。あとはやはり東北（旧満州）ですね」

これが年間250万人前後の日本人が訪れる中国ツアーの、もう一つの現実である。

中国人の現地ガイドは、海外の事情に疎《うと》い一般の中国人とは言えない。日本事情にも詳しく、日本人を相手に商売もし、日本語も話せる中国ではエリート階層の人々である。

その彼らですら、日本の中国援助の事実を知らない。

先にも述べたとおり、79年から始まった対中国円借款は、2兆6500億円に上っている(2000年の第4次円借款の最終年度分まで)。これとは別にインフラの整備を目的にした日本輸出入銀行資源からのローンが3兆4283億円になる。もちろん無償援助もある。合計すれば、この20年間で6兆円以上という途方もない金額に膨《ふく》れ上がっている。

それでも中国人の間からは「日本人が中国に援助などするはずがない」という言葉が返ってくる。

中国政府が、実態を国民に教えない理由

実は私にも、同じような体験がある。

ある中国人の友人は、日本に4年、留学していた。現在、上海にいる。日本語はぺらぺらだ。ピカチューも木村拓哉《きむたく》も知っている。

だが、彼がいつも利用する浦東国際空港や地下鉄が日本のODAの対象案件であった事実は、私から「初めて聞きました」と言う。数年前のことだ。

共産党政府の反日愛国教育が原因なのである。

市場経済の急速な発展で共産党の存在理由は、急速に消滅しつつある。共産党政府の危機感、焦燥感はひととおりのものではない。

「一つの政権であれ、政党であれ、前途と命運は人心の向背《こうはい》によって決定される。市場経済下で、党の組織が社会の腐敗思想の侵食を受け、私的利益の追求に利用されている」

2001年の春節（旧正月）の『人民日報』の論評がこれである。危機感は横溢《おういつ》している。

共産党政権は恐れている。なるほど市場経済は離陸した。貧しかった国民は豊かさの味を知った。その点では旧ソ連や東欧と違って、中国は社会主義の崩壊を前にして、一歩踏みとどまった。経済成長を背景にして、世界も中国を大国として遇しはじめてもきた。だが、無条件にこれからも輝かしい未来があるわけではない。耐久年数を越えた政権の内部は、シロアリに食い散らかされたように、空洞化が進んでいる。

非合法化された宗教団体・法輪功への過剰な警戒は、水鳥の羽の音にもおびえる心象風景を映し出している。

繁栄の裏で国民もばらばらになり、階層分化も大きく進んだ。勝ち組と負け組は完全に色分けされた。もう逆転はない。

そして2001年12月のWTO（世界貿易機関）への加盟。有力な海外のパートナーと組んだ国内企業だけが生き残れる。これから大陸で火ぶたを切るのは、日米欧のビッグ・ビジネスによる市場争奪戦だ。

中国の分解は、さらに加速する。競争力をもたない中国の弱小民族産業の未来は、倒産と吸収しか残されていない。

そうした中国で、抗日戦争の記憶と歴史だけは中国人が国民意識を共有しうる数少ない契機になりうるのである。あの当時は共産党も輝いていた。国民も団結していた。金持ちも貧乏人も、老若男女も問わずに、だ。

だから、国民向けにも、反日カードは捨てられない。

その結果、日本の戦前の中国侵略は熱心に報道されるものの、現在の日本の平和外交政策や中国援助の実態には、ほとんど言及されない。反日キャンペーンに、なんらプラスにならないからだ。

世論は明らかに誘導されている。

日本国民の税金から捻出され、供与される3兆円ものODA。輸銀のローンも入れて6兆円。金額だけではない。諸外国に比べて、貸し出し条件も日本のODAが一番いい。金利は低く、長期で、ヒモもついていない。

円借款は最もオイシイ。これが中国政府のホンネなのだが、その事実を国民に伝えることはない。

国民は今現在も「日本がそんなことをするはずがない」と本気で信じている。

上海の浦東新空港で、何十人もの中国人たちに日本の経済援助について聞いてみたことがある。2000年12月のことだ。

空港の広報ウーマンですら「我不知道《ウォ・プ・チ・タオ》（知りません）」。

異様な話ではないか。腹が立つよりも、もはや笑いとばしたい思いに私は駆《か》られている。

いったい、何のための援助なのだろう。

中国が出版した日本のODA解説本を発見

中国政府は、そもそも日本の経済援助を公式にはどう見ているのだろうか。調べてみたものの、なかなかそうした資料は見当たらなかった。

だが、それでもやっと、円借款について解説した本が見つかった。

『日本の円借款をどう使うか』

これがタイトルで、初版はやや古く1996年10月の発行である。出版社は対外経済貿易出版で、ODAの中国政府担当機関である対外経済貿易省の系列にある。

中国の公的な機関が、内部配布用としてはともかく、一般読者を対象に日本の中国向けの経済援助について解説した本は、おそらくこれが初めてであろう。私も今回初めて見た。

全体の分量は150ページあまり、多くはない。中身を読むと、かなり専門色が強い。つまり、一般向けとはいえ、現実には日本との貿易に関わっているビジネスマンや研究者、それに政府関係セクションのスタッフが読者に想定されているようだ。

具体的には、本の中身は経済シンクタンク「国際貿易研究所」が95年から約1年間にわたって日本のODAを研究テーマに取り上げ、それをまとめたものだ。

『日本の円借款をどう使うか』

中国対外経済貿易出版社という公的機関が版元で、
1996年10月初版発行。

この研究に加わった政府機関は、
（1）対外経済貿易部の「貸款局《たいかん》」（円借款の中国側担当窓口）
（2）国家計画委員会国外資金利用局（超大型プロジェクトを担当）
（3）財政部国家債務管理局（海外からの公的援助の総合管理セクション）
（4）中国輸出入銀行（日本の輸銀ローン担当）
である。すべて対中国ODAの関係機関であり、執筆には実務に詳しいスタッフが当たっている（なお、この4つの窓口は、98年に財務省に一本化された）。編集責任は施用海氏。データは、北京の日本大使館の経済部と、旧日本海外経済協力基金〔OECF〕の提供である。

最初に目次から各章のタイトルを紹介しよう。

（1）わが国が利用する日本政府の開発援助の概況
（2）円借款がわが国の経済発展に与える重要な役割
（3）現在直面しているいくつかの問題
（4）問題の解決のための基本対策
（5）日本政府の開発援助の概況（全体）

この中で内容的に重要なのは（1）と（2）である。（3）と（4）は、円高で返済総額が急増したことへの対策について、（5）は中国以外のアジア向けODAを説明したもので、とくに本書で触れる必要はないだろう。

「得をしているのは日本も同じ」という論理

この5つの章に先立って前書きがあり、中国政府の日本ODAに対する基本的な認識が述べられている。そこにはポイントが3つある。

少し長くなるが、引用してみよう。【　】で括《くく》った中が原文である（訳は筆者）。

【1、ODAは日中両国の重要な協力分野である

日本の政府開発援助（ODA）の資金は、わが国が改革開放を始めてから中日経済協力の重要な分野になっている。80年代に入り、わが国の利用している日本のODAは、次の事実を明らかにしている。ODAはわが国のインフラ建設と経済発展に重要な働きをしたばかりか、日本企業の中国向けの投資や中日両国の貿易にとっても積極的な作用を与えている。日本のODA資金のもたらした成果は十分に明らかである】

ODAを評価はしている。だが、ODAは【援助】ではなくて【経済協力】と書かれている点が気にかかる。中国サイドの認識は、あくまで相互互恵的な【協力】だというものだ。

中国が一方的に得をしているわけではない。そのカネで日本からモノを買うし、支払いもする、日本の企業に工事を発注もする。つまり日本にも利益は還元しているではないか、という意味である。

こういう認識のうえに、日本に対して次のような要求が主張される。

【2、日本は円高による大幅な損失を補償すべきである

ここ数年、円の大幅な高騰で、わが国の借款は重大な損失を被《こうむ》っている。対外債務も増えている。そのためにまずわれわれ自身の努力で元金と利子を返済すると同時に、日本政府関係機関がこの件に対して積極的な具体的対応を取り、負担の軽減に協力してくれるように希望する**】**

これには少し説明が必要だ。

何度か述べたように、日本の中国向け経済援助〔ODA〕の中心は円借款である。

円借款は読んで字のごとく「円」での「借款」（＝貸し借り）のことだ。円と中国の通貨・元《げん》のレートが変わると、返済額もそれにともなって変わってくる。

人民元の対日本円のレートの推移を見てみると、元は円に対して一貫して下がりつづけている。元は決して強い通貨ではない。75年当時1元は約150円だった。20年後の95年には、これが約11円と一三分の一にまで下落している。85年からはプラザ合意を受けて、円高に拍車がかかる。その結果、人民元も下がりつづけた。当然、返済額は膨れ上がった。

そこでこういう「円高の責任を認めて日本政府は損失を補償せよ」という主張が登場する。

【3、ODAの目的は中国近代化への協力にある】

なぜ、日本政府に大幅な損失の補償を求めるのか。それは日本政府の円借款の供与目的がわが国のインフラと経済発展への協力にあり、われわれの負担が増えることは、結果的に円借款本来の趣旨に背《そむ》くものになるからだ

初めに中国は、ODAは援助ではない。これは経済協力だと強弁した。日本も得をして

いると言ったはずだ。円高を放置して、借款になんらかの対策を取らないのは【円借款の趣旨に背く】というのなら、これが援助であるという事実も素直に認めるべきであろう。そもそも、円借款の期間は平均30年。その間に貨幣価値の上がり下がりはあって当たり前だろう。ローンというものは、そういうモノではないのか、と筆者などは考える。

いずれにせよ、中国の円高批判には日本政府や日本人に対する感謝の念はまるで感じられない。自分の都合だけを一方的に言い募る夜郎自大の態度を感じるのは、私だけであろうか。

田中角栄と大平正芳の役割

では本文に入って、第1章の「わが国が利用する日本政府の開発援助の概況」を紹介してみよう。

この章では、ODAが供与されるまでの事実経過が述べられている。

【78年末、中国共産党の11期三中総会が北京で開催され、経済建設を中心にして、改革開放を実行する広く偉大な戦略的決定が行なわれた。79年夏、わが国政府の関係方面は、日本の中国大使館、外務省、海外経済協力基金などとコンタクトをとり、日本の政府借款に

関する問題を理解し、円借款を使う可能性について話し合った】

中国が現代化路線をとったころ、最大のネックはカネだった。どこにも資金はなかったのだ。国内にもない。貸してくれる諸外国もない。しかもソ連の借款のえげつなさにほと懲《こ》りていた指導部は、借款の受け入れに慎重でもあった。

まだ海のものとも山のものともわからない中国の現代化にカネを貸そうという酔狂な国は日本しかなかった。決断したのは田中角栄と大平正芳だった。78年の夏、政策の大転換を目前にした鄧小平は来日、目白（＝田中邸）を訪れた。彼は角栄に現代化の青写真を語っている。鄧は田中から現代化の担保、つまり援助の言質《げんち》を取りたかったのである。鄧は言い切った。

「これまでなら修正主義と非難された政策も大胆にとり入れる」と。

翌年、中国は日本側に円借款の可能性を打診しはじめた。

これに対して、日本はどうしたのか。

【この時期、日本サイドは積極的にＯＥＣＦの資金の由来、プロセス、項目、条件、採用方法などを説明し、このことで中国政府の関係機関は、円借款について詳しい状況を知ることができた。９月、谷牧《こくぼく》副総理が代表団を率いて訪日、政府を代表して正式に日本政府

に対して円借款の申し入れを行なった】

予想したとはいえ、いざ申し入れを聞いてみると、日本側はあらためて驚いた。「わが国に外国からの借款はない」、周恩来が胸を張って、こう言い切ったのは、つい数年前のことだったからだ。だが、中国首脳の腹は決まっていた。ついに外務省が動いた。

【10月、外務省の梁井新一《やないしんいち》の率いる政府代表団が中国を訪問、中国の提出した円借款項目を具体的に検討を始めた。79年12月、当時の大平首相が中国を訪問した。大平正芳は中国人民の古い友人で、早くも72年の中日国交正常化の際も、日本の外務大臣として当時の田中角栄首相とともに中日国交回復に巨大な貢献を行なっている】

大平は国交正常化に次いで、もう一度、井戸を掘った。

鄧小平は生涯、大平のことが好きだった。大平と同じ宏池会《こうちかい》の実力者である伊東正義《いとうまさよし》の二人は、鄧の【古い友人】である。

【大平はこの中国訪問で、明確にしている。すなわち、日本は中国がまさに行ないつつある近代化の努力に対して可能な協力を行なうと。そして中国向けの円借款の提供を承諾し、円借款の使用が始まった。円借款は借り入れ期間が長く、また金利も低かった】

中国が近代化のドアを開きはじめたとき、これに応えてこれほどの額の援助に踏み切った国は日本以外にない。中国の初めての借款受け入れ国は日本だった（同時期にベルギーが少額の援助を実行）。

しかも円借款は、最も好条件の経済支援だった。

そして今もなお、海外から中国が受けとる公的援助の半分以上も日本からのモノなのである。

日本人もこの事実をしっかり頭に入れておいてほしい。南京あたりで中国人ガイドに「日本が援助なんかするはずがない」などと妄言《もうげん》を吐かれる筋合いなど、どこにもないのである。

円借款、どこまで続くぬかるみぞ

この円借款には、次のような特徴がある。

【1、インフラストラクチャーの建設や整備に当てられ、全国に満遍なく広がっている。

インフラの整備（つまり産業全般の基礎のことだが）に、円借款は集中的に使われている。第1次から第3次までの円借款のうち、実に81・8％が交通、通信、電力、農林水産分野に当てられている。しかも地域的片寄りがない。ほぼ全国に満遍なく行き渡っている。これはプラスの面だが、反面で総花的とも言いうる】

【2、最大の援助国は日本である

15年間(この本が執筆されたのは95年=筆者注)に日本から供与された円借款は、中国が外国政府から借りている借款総額のうち40%以上を占めている。日本は中国に対する最大の援助国である(ここでは円借款は「援助」と書かれている)。

3次にわたる円借款でわが国のインフラは整備され、その結果外資を導入し、経済発展を加速させることができた。円借款は積極的な作用を果たした】

さらに、円借款に関しては、

【3、無償援助が比較的少ない】

【4、技術援助の余地がある】

【5、環境問題が、今後の援助の重点領域になる】

と中国政府は見ている。そのうえで、

【日本はアジア唯一の先進国であり、中国はアジアで最大の発展途上国である。日本はまた中国の最大の貿易パートナーでもある。いうまでもなく中国経済が発展することは日本にとってますます重要になってきている。21世紀に入ってからも、中国経済は巨大な発展をするだろう。だが依然、発展途上国であり、日本との資金、技術などの分野で、積極的な協力を必要としている。中国経済の長期的な発展という点からみても、資金は逼迫《ひっぱく》しており、外国政府からの長期の低金利借款は中国とすれば不可欠のものである。仮に日本政府が不断に中国向けODAを増やしつづけることができれば、かならず中国の経済発展を促進でき、中国経済の発展は日本からの輸入を増やし、日本経済の発展にプラスとなるであろう。つまり日本が中国向けODAを増やすことは、両国の経済的な発展と両国人民の友誼《ゆうぎ》の増進に有益だ】

ここではつまり、今後も日本からのODAを無期限に与えてくれと言っているのだ。借款には、もともといつまでという期限はない。その国がある経済水準に達した段階で、両国で話し合い、ピリオドを打つというのがこれまでの外交慣例だ。

しかし、中国という国の場合、ＧＤＰ（国内総生産）がどれほど大きくなろうが、なにせ人口は公称で13億人もいる。一人当たりのＧＤＰとなると急速に数字は小さくなってしまうのだ。とすると、半永久的に被援助国の資格はあるわけだ。

【日本政府が不断に中国向けＯＤＡを増やしつづけることができれば、中国の経済発展を促進できる】

ここまでくると苦笑するしかほかない。

円借款は第４次までの20年間で２兆６５００億円、それ以外の援助も入れればトータルで６兆円もの数字になる。すでに、これだけのジャパンマネーが中国の大地に消えた。だが、まだこれでは終わらない。２００１年から２００５年まで、さらに５年間にわたって、第５次円借款の供与が続いている。

ただし「第５次」は、これまでと違い、「単年度方式」に変わってはいる。これまでのように５年分まとめてドカッと出すということはしていない。日本側の変化は窺《うかが》える。だが、援助それ自体はこれからも減ることはあっても、終わる兆《きざ》しはみえない。

それでいて実はこれまで、中国政府は日本からのODAについて、なに一つ総括文書らしいものを公表したことはない。中国が諸外国から受け取る援助のうち約半数を占め、総金額は6兆円もの膨大な額に膨れ上がり、さらに20年間も毎年手にしてきた日本からのODAの収支決算書を政府は出していない。

援助が現実にどう使われ、役に立ったのか、またはどういう改良点があるのか。そうした総括は一切聞こえてこない。日本側が要求したという話も聞かない。

通常の感覚では信じがたい話である。

あまりにも子どもじみた中国の振る舞い

『日本の円借款をどう使うか』が書かれたのは95年である（刊行は96年）。なぜこの時期に、こういうテーマの本が出されたのか。

この年、ODAをめぐって大きな動きがあった。

一つは中国の核実験に抗議して、日本の村山政権が第4次円借款のうち、95年度の無償援助分の供与を一時ストップしたことだ。

またこの年は、李登輝《りとうき》台湾国民党総裁のアメリカ訪問に際して、中国は台湾海峡でのミサイル演習に踏み切ったが、中国のこうした軍事的恫喝《どうかつ》に対して日本人の大多数は激しく反発。中国援助見直しの動きが、日本中に急速に広がった。

さらに本の中にも出てきたように、ODAを急激な円高が直撃した。為替レートは4月に入り、あっというまに1ドル90円を割った。その結果中国の借款への総支払い額は急増する。

94年末の累計で、日本からの借款は1兆5400億円。あくまで中国側の発表だが、供与時点での為替レートに換算すると総額で約100億ドルだったものが、円高で約168億ドルにも膨れ上がったという。

日本の外務省もこの点については「ドルベースでは1・8倍から1・9倍の負担増になっている」と認めている。円が1円上がるたびに中国の債務は2億ドル増えるというのが中国の言い分だった。

「円借款は高利貸しと同じだ」

苛立《いらだ》った中国最高首脳から、こんな対日批判が続出した。

意図的なキャンペーンが組織されたのも、この時期だ。宣伝は今回も戦前の中国侵略と結び付けられた。

無償援助の中断が実行された際のエピソードである。中国の東北、旧満州の小学校に一斉に旧日本軍の残虐行為を描いたイラストや写真が掲示されたのである。反日感情をたきつけることで、無償援助中断の腹いせをしようというのだろう。

中国は大人《たいじん》の国どころか、まことに子どもっぽい国だと日本人は感じ、嫌中国感情はその水位を高めていった。

そしていよいよ持ち出される「歴史カード」

円借款始まって以来の事態に、中国は対応を迫られた。それがこの本の出版の背景にある。ODAという専門色の強い本が初めて一般向けに発行されたのも、そのためだ。理論武装といってもいい。

その結論を一言で示せば、「中国には、日本からODAを受け取る正当性がある」ということである。ここでも持ち出されるのが、例によって例の「歴史カード」である。

【日本軍国主義の中国侵略戦争は、中国人民に深い災禍を与えた。人民の生命財産は巨大な損失を受けた。この点は中国人民は永遠に忘れられない。だが、正常化の際、中国政府

は両国人民の子々孫々の友好という長期的な利益を考慮して戦争賠償金を放棄した】

ここまではいい。だが、次に文章はこう続く。

【周知のように日本のODAは、そもそも戦争賠償金としてスタートしている。ビルマへのODA、フィリピン、インドネシア、ベトナムとの賠償協定など、日本はこの賠償を放棄した各国に、戦争賠償金に相当する無償援助を行なっている】

日本のODAはアジアのほかの国の例を見てもわかるように、もともとは戦争賠償金であって、事情は中国も同じなのだと、さりげなく匂《にお》わせているわけだが、この記述は事実に反する。前出の4カ国は賠償金を放棄していない。つまり日本のODAは賠償金とはまったく別物として供与されているのだ。

【多くの日本の友人たちは『日本は中国に対して戦争賠償を行なっていないので、ODAは一層増やすべきだ、日本は中国の発展に協力することで中国人民の広い度量に応《こた》えるべ

きだ』という。これもまた日本が中国にODAを実施している重要な背景の一つである】

日本人の口を借りて中国のホンネが顔を出している。やはりODAは賠償金なのである。ただ賠償を放棄した立場上、面子に関わるからそこまでは書けない。ちなみに多くの「日本の友人」は、明記されていないが、新日鉄の最高首脳もその中に含まれる。

だが、鄧小平はかつて、もっとストレートな言い方をしている。

「歴史から見ると、日本は中国の発展を助けるためにもっと多くのことをすべきである。率直に言うと、日本は世界のどの国よりも中国に対する借りが一番多い国だと思う」

「国交回復のとき、われわれは戦争の賠償要求を出さなかった」

「日本は中国の発展を助けるためにもっと多くの貢献をすべきだ。率直に言ってこの点に不満がある」（1987年6月、日本の矢野公明党委員長＝当時に対して）

円借款は、中国経済にいかに寄与したか？

そうした伏線を張ったうえで、円借款が中国経済にどう寄与したのかを解説したのが、

第2章「円借款がわが国の経済発展に与える重要な役割」である。

【円借款は国内の建設資金の不足を補ってきた】

【大部分の円借款は第6次、第7次、第8次5カ年計画期間の重点プロジェクトに当てられ、対外開放政策を促進した】


具体的なプロジェクト名もあげられている。まず電話通信ネットワークである。

【82年当時、中国の電話普及率は100人に対して0・47本にすぎなかった。これはとても満足できる数字ではない。天津《テンシン》市内の電話台数は約3万5千、上海は10万、広州市で2万5千台である。

この3市は第6次、7次の経済計画の市内電話建設の重点都市に指定され、第2次円借款を利用して、全体で350億円をかけて、天津8万戸、上海12万戸、広州10万戸の電子交換機が備え付けられた】

中国の主要なエネルギー源は石炭で、なかでも山西省がその中心だ。だが最大のネックは輸送網にある。円借款のうち、2300億円がこの石炭輸送の分野に使われた。北京・

秦皇島間を結ぶ京秦線、大同・秦皇島の大秦線、秦皇島港第2期石炭バース（積み出し埠頭）、第4期バースの建設などがそれである。

衡陽《ホンヤン》・広州複線化プロジェクトも第1次、第2次円借款の中の836億円を使って行なわれた。この区間はそれまでは単線しかなかった。地形が複雑で、曲がりくねった部分も多い。そのため速度は出せないし、貨物の積載量も制約されていた。だが、この複線化で華南地区の経済発展と輸送能力は大幅にアップした。広東の経済特別区の成功に好影響を与えたという。

質量ともに、日本の中国援助は世界最高

円借款の規模についても、次のように指摘されている。

【日本の政府借款は諸外国と比べると、最も早く実行され、しかもその金額が巨大である】

【ベルギーと日本が最も早くわが国に政府借款を提供してくれた国家であり（ベルギーは79年11月、日本は1カ月遅れて12月）、なかでも日本は最大の借款供与国だ】

【これまで（＝第3次円借款まで、79年から95年）で1兆6809億円で、わが国が外国から提供されている借款総額のうちの42・5%を占めている。日本からの借款は政府借款中最大である】

金額の大きさだけではない。その条件についても次のように述べる。

【大多数の政府借款は混合借款である。政府借款に比例して輸出信用を混合して使っているが、日本の借款は政府単独借款であり、期間も30年と長く、金利も2・5〜3・5%と低い】

日本の経済援助の最大の特徴の一つがアンタイド方式である。つまりヒモつきでないため、援助資金でどの国からも買い入れることができる。その結果、現実には円借款事業のうち約3割は中国企業が受注している。だが対中国借款でも、このアンタイドをとっている国は、まず日本以外には見当たらない。

【日本以外の政府借款には制限がある。普通は当該国の製品を購入しなければならない

し、その範囲は総額の85％である。このため借款供与国は購買の自由度が低く、競争性に乏《とぼ》しい】

と指摘したうえで、

【だが、日本の円借款は公開の国際競争入札スタイルをとっており、中国内部からだけでなく、世界から各企業が商談に参加できる可能性がある。この方式だと高品質の品物を安価で買えるばかりか、商品を選べる余地もある】と述べる。

近年、日本に次いで中国の政府借款では第2位の供与を誇るドイツでも、【原則的にドイツ以外の商品は購入できない】のである。

フランス、スペインといったヨーロッパ先進国も事情は変わらない。

つまり、日本の円借款は公平にいって、質、量ともにナンバー1なのだ。

「日本は協力すべきである」という物言い

第2章の最終個所にはこうある。

【現在、世界的に資金の需要は逼迫している。日本の円借款は他国の借款に比べ、大いに有利であり、今後も8・8％の成長を保持するには日本のＯＤＡを利用することが不可欠である。積極的に円借款を利用して、総合国力を高めなければならない】

こう基本的な考えを示したうえで、最後に提言はこう言う。

【中西部の開発や国内の大規模プロジェクトなどの資金不足、農業開発、環境問題の解決。こうしたもののためにも日本は資金分野での協力をすべきである】

協力はすべきもの、して当然のもの。これが中国の見方なのだ。相変わらずの高飛車な物言いである。これが95年当時の、中国の日本ＯＤＡ観だった。

だが、その後日本の官民を挙げて対中国ＯＤＡの現状に激しい反発がまき上がる。それを受けて中国国内でも高飛車な物言いにかわって、自己批判めいた研究本もいくつか登場してきた。なかでも注目されるのが、２０００年の12月に刊行された『日本政府開発援助』（金熙徳著・社会科学文献出版社）である。

日本中に広がる嫌中感情とＯＤＡ供与に対する疑問や不信が、かつてないほど高まっていた時期と符合する。

本の中身は、日本のODA全般を紹介したもので、中国向けODAだけを取り上げたものではない。だが、対中国ODAについて先の『日本の円借款をどう使うか』のようなエキセントリックな物言いは影を潜めている。筆者が日本留学体験のある学者という理由もあるようだが、以下はその抜粋である。

【日本は1979年12月に初めてわが国に対するODA資金の供与を決定した。それ以来、日本のODAは、隣国の友好と経済協力の重要なシンボルになった（中略）。国民わが国全土にはODA資金で建設された各種の重要プロジェクトが見受けられる。国民もそうした事業を身近に知ってはいても、その資金の大部分が日本のODAから出ているということまではよく知らない。試《ため》しにあげてみると、秦皇島港、京秦鉄道、中日友好病院、北京地下鉄、首都飛行場、これらはみな日本のODAが使われている】

【日本の対中国ODAは、依然として友好協力関係の重要な柱であるばかりか、その意義は増すことはあっても減ることはない。80年代の良好な伝統を踏まえて、ODA問題の共同研究を高めることが必要である】

このように、「実事求是（事実をもとに、結論を導こうという姿勢）」の姿勢は感じられる。この背後にあるのは、日本のＯＤＡへの姿勢がこれまでとは変化しつつあり、かつてとはちがい、将来に対して一種の危機感を感じているためだろう。

日本の変化はこういうものだ。

【91年を境にして、日本は欧米諸国からの圧力と自身の外交的必要性から、ＯＤＡ政策の調整を開始した。4月には海部首相が『援助4原則』（1・援助国の軍事支援の動向　2・武器開発製造の有無　3・武器の輸出　4・基本的人権の尊重と民主化の状況）を国会で発表し、92年6月には、宮沢《みやざわ》内閣がＯＤＡ大綱を制定した。これに伴って、日本の中国向け援助は微妙に変化を始めたのである】

中国の警戒感は、日本がＯＤＡに「政治的条件を加え、これを経済制裁の道具にしようとしている」（同論文）ことだ。このことは「ＯＤＡが日中両国の間の政治的摩擦要因になるとともに、中国との外交的修復の手段にもなりはじめた」（同）のだった。

この具体的なケースが、95年中国の核実験に抗議して、日本が無償援助の凍結を決断したことだった。いったんは援助が中断したが、核実験の中止とともに、援助が復活する。これをODAの政治化と中国は警戒する。わかりやすくいえばODAの外交カード化という意味で、80年代には見られなかったものである。

無償援助の凍結について、中国国内における論調は、冷静なものばかりではなかった。97年に発売された『日本軍国主義に警戒せよ』（北京・金城出版社）のなかの「とげのある桜の花」との批判文の中では、こういう非難が行なわれている。

【80年代以後、日本は中国に対して3度の円借款を提供してきたが、いずれも付帯条件はついていなかった。だが、90年代に入ると、中国経済の急速な発展や国防の現代化、さらには総合国力の増強を背景にして、日本の宮沢内閣は「政府開発援助大綱」（ODA大綱）を制定して、援助4原則を決定した。

この4条件は明らかにそれまでと違い、対外援助に政治的基準を持ち込んだもので、援助を、援助受入国に対する影響力に使おうという意図があり、大綱は援助を「制裁」の手段にしようとするものだった】

【1995年8月、日本は中国の核実験に抗議するとの口実で、中国向け無償援助の凍結

を決定した。これは日本がODA4原則を初めて適用したケースである。これに対してわが方は経済援助を核実験と結びつけることは賢明ではなく、援助の理念に反するとして、日本政府に撤回を要求したが、日本側はこれに応じず、ある政府要人は、仮に中国が再度核実験を行なった場合は、今度は円借款の停止も考慮すると威嚇《いかく》したのである】

援助中断に抗議した中国が、東北地方（旧満州）の小学校に、日中戦争当時の日本軍の虐殺（とされる）写真を一斉に掲載したことは、すでに書いた。

ここには、なんときれい事を言おうと、ODAは戦争賠償金ではないか、という中国政府と国民の本音がうかがえる。中華愛国主義が過剰に噴出する今の中国である。今後ODAの動向によっては反日運動に火がつく可能性は否定できない。

ただ、それでも『日本政府開発援助』では、日本のODAが中国経済にどれほど利益をもたらしたのか、そうした事実を国民にちゃんと広報してこなかった反省も述べられている。

【20年来、日本のODAはわが国の経済建設に巨大な影響を与えてきた。だが、普通の中

国人は、ひどい場合は専門家ですら、この事実を知ることがあまりに少ない。円借款を中心にした日本からのODAをどのように評価するのかは、日本だけではなく、中国側にとっても重大なテーマなのである】

著者の調査では、①1980年から89年までは無償援助については比較的熱心に報道している、②89年以後は、円借款の意義と報道については、かなりなされているという結論だ。

とはいえ、中国の日本ODAに対する紹介と宣伝の報道や論文は少なく、同時に【援助は平等互恵で、日本にも利益がある】とか【中国が放棄した戦争賠償金の補塡《ほてん》だ】との内容が少なくないと著者はいう。

同書によればなかには円借款にはなにか政治的な思惑が隠されているのでは、と疑う中国人もいるという。暗に江沢民前主席のことを指しているのではないか。というのも、彼が第4次円借款の案件をみて、『東北地域が多い。これは旧満州国再支配の狙いがあるのでは』と党内会議で発言したというエピソードがあるからだ（事実は、東北だけ援助項目が多いということはなかった）。

【総じていうと、中国の庶民は日本のODAの実施状況をほとんど知らない。こうした状況は日本理解にとって不利なだけでなく、日中両国の間の国民の理解と信頼が低下している点からも、対応が必要である】

この本の結論である。

論文の背景には、過剰な対日批判が結果的に日本の中国嫌いと反発を招いたとの総括がうかがえる。ODA見直し論の高まりへの危機感もあった。だが、中国人の間にODA＝戦争賠償金という本音があるかぎり、日本のODAは中国の内部で理性と感情の間を振子のように揺れつづけるのではないのか。『日本政府開発援助』というODA評価本が中国政府の対日姿勢の変化なしに出版されなかったことも否定はできないのである。

7章　戦略なき日本のODAの今後

——外交カードとして有効活用するために

反日の権化・江沢民の退場

02年秋、中国共産党の16回大会が開かれ、胡錦涛《こきんとう》新総書記が誕生した。彼は同時に国家主席にも就任した。一方、江沢民は軍事委員会主席のポストには留任したものの、13年間にわたる江沢民の時代は幕を閉じた。

何度も紹介して恐縮だが、江沢民外交は徹底的に親米反日に終始した。なかでも露骨だったのが、97年の訪米である。江はアメリカ本土訪問の第一歩にハワイを選び、太平洋戦争の勃発した歴史的場所・パールハーバーで、日本軍国主義と戦ったかつての同盟国アメリカを称えた。

翌年、クリントン米国大統領が答礼に中国を訪問した。外交上、異例なことに、彼を乗せた大統領専用機は同盟国日本の上空を通過せずに、アラスカ経由で、中国の西安《シーアン》に着陸した。クリントンは帰国の際も日本上空を避けて、ハワイに帰っていった。到着の日は7月4日。アメリカがイギリスから独立してから222年目の建国の日だった。

帰国の前々日、クリントンはイギリスから返還されて1年目の香港で、こう演説した。

「21世紀に向かって、我々は繁栄した、自由な中国をパートナーにする」と。

日本抜きで、米中両国の間で「戦略的パートナーシップ」のエール交換が行なわれていたのである。日米関係に詳しい日本の外務省系シンクタンクのスタッフによれば、クリントンに日本上空を通過せず、中国単独訪問だけにしてほしい、と要請したのは江沢民だった。米中両国の指導者たちは、はるかに日本を遠望しながら、米中協調を過剰なまでに演出したのであった。

クリントンと笑顔の握手を交わした江沢民は、逆に日本訪問では笑みを見せることもなく、50数年以上も前の歴史の教訓を日本人に講釈しつづけた。傲慢《ごうまん》としか感じ取れない彼の発言や態度に、日本人の中の嫌中感情の水位は一層高まった。

新政権による新たなる対日関係の模索

そんな江沢民の時代が終わり、中国に新執行部が誕生したころ、対日関係について、注目すべき論文が出現した。

ひとつは人民日報の馬立誠評論員の「対日関係の新思考」（「戦略と管理」2002年12月発行）であり、二つめが中国人民大学の国際関係学院の時殷弘教授の「中日接近と外交革命」である（同・2003年2月）。簡単に内容を紹介しておくと――。

馬論文は本書で紹介したような近年中国国内に蔓延《まんえん》する排外主義的な民族主義を、徹底的な批判の俎上《そじょう》にあげる。日本に対する根拠のない決めつけ、侮蔑感情、無知、偏見を槍玉《やりだま》にあげ、現実の日本を客観的に直視せよと訴えている。その背景には、インターネット上に「小日本」「日本鬼子」などといった日本を敵視する発言が跋扈《ばっこ》する現実がある。民衆レベルの対日悪感情の広がりに、彼の危機感は強い。そうした現実を念頭におくと、勇気ある発言ではある。

馬は「日本はアジアの誇りである」「日本の歴史問題への謝罪はすでに解決している」として、ODAについても次のような見解を明らかにしている。

「日本は1979年から2001年まで、2兆6679億円の低利借款（無償援助は加わっていない・筆者注）を供与しており、北京地下鉄2期工事、首都空港拡張、北京汚水処理場、武漢天河空港、五強渓水力発電所、重慶・長江第二大橋、秦皇島埠頭、衡陽・広州鉄道拡張、朔黄鉄道、南昆鉄道など150項目のインフラ建設を支援している。借款の年利はわずか0・79〜3・5％で、償還期間は、30年または40年だ。これもまた、日本側の誠意を示している」

「長い間、我々はこのことを十分に紹介してこなかった。いまは正しく評価しなければならない」

馬論文に次いで、対日関係改善を大胆に主張した論文が、時教授のものである。中国の戦略的な利益のために、日本との接近を今後の最大の外交課題にせよ、というのが論旨で、これまでのように日中両国間で敵意と嫌悪感が増長すれば、「日本国内に反中国軍事勢力が台頭して、その結果中国の安全保障にとって深刻な脅威になるだろう」との危機感に溢れている。

時教授は悪化した関係を修正していくための処方箋として、5項目の提案をする。

1・歴史問題は、これまで日本政府が行なってきた「反省と謝罪」で満足し、これを宣伝することをやめる

2・日本に対する経済的な優遇政策をとり、中国向け輸出や投資を他国とは別に有利に取り扱い、日本からのODAに関して、最高指導者が正式に感謝を表明する

3・日本の防衛力強化を「軍国主義」と捉えることをやめ、両国間の軍事的信頼を高める

4・北朝鮮問題など地域間の安保・経済協力分野での協力を強める

5・日本の国連安全保障理事会入りを積極的に支持する

というものだ。

尾を引く謝罪外交の後遺症

両論文は、明らかに共産党指導部内に最近見られるある種の傾向を代表したものだ。馬氏は共産党機関誌の論説委員であり、一方、時氏もまた、胡錦涛政権の有力ブレーンとして知られる人物である。論文の公表については、宣伝部の検閲も通過しているし、政権中枢の承認もあったはずである。そうでなければ、ここまでの主張はできない。

この時期に、ここまで踏み込んで、日本との関係見直しを訴える論文が登場してきたのは、これまでの対日外交が、成果をあげなかったからである。過剰なまでに高飛車に、日本の過去をあげつらい、強く言えば言うほど、日本は腰を低くして、謝罪してくるだろうという毎日的な対日政策が行き詰まったためである。そう見れば、論文が見直しの対象にしているのは、江沢民の日本外交そのものなのだ。

中国にナショナリズムがあるように、日本にもそれは存在する。この当たり前の事実に中国は気づかなかった。彼らを錯覚させてきた日本の政治家やマスコミの責任は重大である。だが、覆水は盆にはかえらない。日本国民の間に広がった反中国、嫌中国感情は、そうそう簡単に変わりはしないだろう。

江沢民外交の失敗は、短期間には取り戻せない。

繰り返す。

共産党は90年代に入ってから、異様なまでに反日キャンペーンに国民を駆り立ててい
た。すでに階級政党であることをやめた共産党がいまさら国民に向かって階級闘争を煽っ
たり、革命をやれとはいえない。13億の国民をまとめ、政権に対する求心力を高めるため
には、外部に「敵」を想定し、結束してゆくことが緊要だったのだ。それが「日本」だっ
た。

そこでは実際の日本がどうかは問題ではない。イメージとしての「日本」だけが刷り込
まれていったのである。中国女性をレイプする日本人。中国人をだまそうとする狡猾な日
本人。南京「大虐殺」はそのシンボルだった。

だが、アメリカやロシアだと、こんなことをすれば強硬なリアクションが予想され、外
交的にもマズイし、リスクも大きい。だが、日本はちがう。どれほど非難しても、事実無
根のことをあげつらっても、政府首脳はひたすら謝罪を繰り返し、それでいながら、毎年
膨大なODAを定期預金のように入金してくれる。ここまで危機の少ない、扱いやすい標

的はない。

日本人も単純といえば単純だった。謝ればいい、謝罪が第一だとばかりに、政府指導者だけでなく、民主党や社民党など野党首脳も、中国詣《もう》でを繰り返した。

毛沢東の反省の弁

かつて毛沢東は、中国侵略を謝罪する日本人の訪中団に対して、

「気にすることはないのです。日本の侵略に対して、団結することができず、ばらばらだった私たちは、皇軍のおかげで、団結し、政権を取れたのです」と語っている。

毛は侵略した日本軍ではなく、「団結できなかった中国人」をまず責めたのである。悪いのは日本ではなく、侵略を許した中国のダメさかげんなのだ、と。毛は毀誉褒貶《きよほうへん》の多い指導者だが、単なる役人上がりの江沢民主席からはまず出てこない発言である。

鄧小平も、こう語っている。

「日本は敗戦後、中国の占領地をすべて放棄して帰っていきました。近代において、中国でもっとも大きな利益を得たもう一つの国は帝政ロシアでもあり、中国の土地を150万平方キロメートルも占領し、これはソ連にまで引き継がれました」

89年5月、30年ぶりに実現した中ソ首脳会談におけるゴルバチョフ共産党書記長との談話の一部である。

鄧は、日本だけでなくロシアとソ連も最大の侵略収奪国だったというのである。だが、これまでロシアが中国に侵略を謝罪したという話は聞いたことがない。ゴルバチョフも謝らなかった。もちろん、中ロ首脳会談のたびに、ロシアの「歴史認識」がテーマになっているわけでもない。侵略を反省したロシアが、日本のように破格の良条件で謝罪のための経済援助をした事実もない。

それどころか、旧ソ連のフルシチョフ時代は、社会主義の兄弟国・中国の態度が気に入らないからと、一方的に援助を打ち切ってもいるのである。借款も金利は高く、日本のODAなどとは比較にならないものだった。これが「もっとも大きな利益を得たもう一つの国ロシア」の振る舞いである。

それでいて、ロシアと中国は、いまや「戦略的パートナー」だというのだから、驚きである。そう考えれば、日本に対する「歴史認識」の踏み絵が、冷徹な中国の国家戦略から計算されたものであることに、思いいたる。

相も変わらぬ謝罪の茶番劇に、日本国民は口をあんぐりあけて、呆れ果てている。もういいよ、というのが本音だろう。

先に紹介した馬氏と時氏の両論文をとりあげた日本の新聞や雑誌の物言いにも、気がかりな点がある。中国もここまで姿勢を変えてきたのだから、日本もこれを受け入れるべきでは、というトーンが感じられることだ。

だが、冷静に考えてみたい。対日関係改善の意見が、中国政府の外交ブレーンから出てきた本当の理由を、である。

それはおそらく将来への「不安」である。躍進中国を目にして、世界は幻惑されている。パフォーマンスのうまい中国の政治家も、国際舞台で自信満々に振る舞う。だが、だまされてはいけない。中国指導者の現在の胸中は、太宰治《だざいおさむ》の次の言葉が、おそらく言い当てている。

「選ばれしものの　恍惚《こうこつ》と不安　ふたつ我にあり」

この10年。目を見張る大躍進を遂げた中国。世界は中国を大国として認知し、褒め称えた。中国を「恍惚」がつつんだのである。

だが、これから始まるのは、「不安」な中国である。中国が崩壊するとまではいわない。だが、これまで約25年間先送りしてきた過去の付けを清算すべき時期が近づいている。中国の危機の水位は高まりつつある。ここに対日外交転換の最大の理由がある。中国はふたたび日本を必要としている。日本に欲しいのは、これにどう対応するのかの戦略である。もちろんＯＤＡの扱いも含まれる。

国際化に巻きこまれた中国経済の今後

中国の対日政策に見直しを迫る契機となった要因の一つは、言うまでもなく中国をライバル視するブッシュ政権の登場と、市場の自由化が進むにつれてグローバリズムの荒波からもまぬがれなくなってきたことである。気づいてみれば、中国は友好国もないままに、アメリカの一極支配に取り込まれつつある事実を実感したのである。

アメリカの中国支配はまず経済から始まっている。きっかけが２００１年12月のＷＴＯ（国際貿易機関）への加盟だった。中国は明らかに準備不足のまま、経済のグローバリズムの渦中に飛び込んだ。朱鎔基首相は「国内の農業と自動車産業を守る自信はない」と告白しているのである。

だが、中国は大国であるという自尊心が加盟を後押しした。これ以上、自国の後進性を言い訳にできなくなったのである。だが、これは国際資本の国内侵食を甘く見ていたといっていい。

これから中国で、なにが始まるのか。

国際的競争力をもつ多国籍企業が、国内市場を席捲《せっけん》してゆくのである。それは弱肉強食のサバイバルゲームでもある。階層分化は加速し、国内の勝ち組と負け組の淘汰《とうた》は進むだろう。沿岸部の都市を中心に、ニューリッチが続々と誕生している。だが、彼らはあくまで市場経済の「勝ち組」にすぎない。その背後には膨大な数の失業者が生み出されている。政府の予想で、将来その数2億人を超える。日本の総人口をはるかに超える数の失業者が出現しつつあるのである。

なかでも最悪なのは農村だ。およそ競争力などない零細農業が、アメリカやカナダのような大規模農業に勝てるはずがない。すでに中国の代表的料理で、麻婆豆腐の原料の豆腐は、国産が50%を切っているという報道もある。

「今後20年でGDP 4倍」構想の真意

昨年秋の共産党16回大会。席上、江沢民総書記は、次のような報告を行なっている。

「わが国は今、社会主義の初級段階にあり、また長期にわたってそうなること、現在到達

している小康（注・ややゆとりのある社会状態）はまだ低い水準の、全面的でない、非常に不均衡な小康である」としたうえで、

「21世紀の最初の20年間は、わが国にとってしっかりと力を入れなければならず、大いに力を出すことのできる重要な戦略的チャンスの時期である。『小康社会』の全面的な建設目標は……2020年にGDP（国内総生産）を2000年比で4倍に増加させる」

とぶちあげたのだった。

ここで出てくる今後20年でGDP4倍という構想を説明すると、今後20年間、年間7％以上の経済成長率を持続していくということである。1979年に始まった20年間の改革開放期間中の経済成長率は平均9％だった。これに加えて、さらにこれから20年間、7％もの年間成長を実現しようと、いうのである。

これまでの世界の歴史にも、40年間もの長期間にわたって、高度成長を目標にしたケースはない。

だが、そもそも、こうした目標は実現可能なものなのかどうか。一部に構想を『壮大』とか『意欲的』とか論評する向きもあるが、おそらくそれは当たっていない。

その背後にうかがえるのは、むしろ共産党指導部の共有する『不安感』である。これか

ら本格的に社会矛盾が噴出してくるのは避けられないからである。

現在中国の最大の政策目標は、経済の安定と向上にある。この実績を背景に、共産党は89年の天安門事件で失った信頼をつなぎとめ、その2年後にドミノ式に崩壊を遂げていったソ連・東欧社会主義とは対照的に、延命することができたのだった。

逆にいえば、経済がガタガタになって、成長がストップすると、封印してきた国内矛盾は一気に噴出せざるをえないのである。だからこそ、江沢民は経済成長に邁進《まいしん》することを公約したのだった。

これ以外に処方箋《しょほうせん》はないのである。

古来、中国の詩に、

「山雨来らんと欲して　風楼に満つ　やんぬるかな　花の落去るを」

（いまにも嵐がやってくる　花が散ることをどうすることもできない）

という。危機は足音をたてて近づいている。

日本のODAに頼らざるをえない中国の現実

だが、弱者を救済すべき社会のセーフティネットは貧弱で、なかでも農民にはほとんど年金も健康保険制度もないのが実情である。ＳＡＲＳ（重症急性呼吸器症候群）が中国全土に蔓延した際に、政府が最も懸念したのが、農村への拡大であった。仮にそうした事態におちいれば、貧弱な医療体制では到底太刀打ちできないからである。

失業者が増えると考える理由は、いま現在の失業者数ばかりではなく、これから市場経済が進展してゆくことで、一層解雇や倒産によるレイオフが続出するだろうからだ。矛盾を引き起こすのは、先にも触れたＷＴＯへの加盟である。加盟は劇薬だ。これから中国国内では国際競争力を持たない国有企業や、前近代的な生産スタイルのまま、放置されている農業は壊滅的なダメージを受けるはずで、それが失業者の増加につながるのである。

現政権のブレーンである胡安鋼・中国科学院国情研究センター主任は、

「鉄鋼、化学、自動車などの装置産業や、開放の遅れた産業の70～80％の企業は、淘汰や合併によって数年で市場から消えてゆくだろう」

と予想している。

なかでも、その国の産業技術水準を図る自動車産業の現状は、お寒い限りなのである。国家経済貿易委員会が、今後の自動車産業を鳥瞰《ちょうかん》した報告書によると、

①国際間の競争力に参加できるほどの経済的規模にない。国内最大の乗用車メーカーの年間生産台数ですら、中クラスの外国乗用車1社の生産規模に及ばない。
②生産性が低い。外国の大手乗用車メーカーの1人あたりの年間生産台数は約20台。中国の場合は10台にも満たない。
③開発能力は低い。
④価格が高い。

という傾向を持つ。

これを見れば、なぜいま、中国の自動車メーカーが目の色を変えて、日本のトヨタや日産、ホンダなどと合弁しようとしているのか、理解できるはずだ。日本の資本と技術を梃《て》子《こ》にして、再生をもくろんでいるのである。

だが、ここには冷徹な資本の論理が機能する。日本企業など西側大手が手を組みたいのは、あくまでトップクラスの一部メーカーだけ。中国各地に散らばっている弱小メーカーは吸収されるか、倒産に追い込まれるはずだ。その結果、労働者は解雇されるか、人員整理される。

一部の生き残りメーカーも、安閑とはしていられない。いずれ、合理化が始まるからである。競争力をつけるためには、国有企業が抱え込んでいる過剰労働力をリストラする以外にない。ここでも失業は避けられないのである。

対策は高度成長と、海外からの旺盛な投資にかかっている。

これから始まる危機のシナリオが、日本に対する政策の見直しにつながり、ODA打ち切りに対する危機感が、新指導部の決断を促したのである。

「経済の持続的安定と急速な発展を保ち、ややゆとりのある社会の建設の戦略的目標を実現するため、資金や技術、および市場の面で日本の協力を離れることはできない」

外務省のシンクタンク、国際研究所の晋林波研究員は、率直に中国側の事情を打ちあけている。

江沢民外交からの脱却。だが、事はまだ提言にとどまっていて、具体的に変化が現われてきたわけではない。

日本の援助を告知するのも日本の税金

中国ODA。まず中国側に要請すべきは、25年間の日本のODAに対する総合的な総括である。日本の援助は有効であったのかどうか、現代化のためにどう役立ったのか、具体的な検証の報告である。そうした基本的なことすら、日本人の耳に伝わっていない。

日本国民の最大の不満、それは援助効果がまったく伝わってこないことだ。6兆円という膨大な「援助」にふさわしい外交効果が見えてこないのだ。国内の道路建設など公共事業の場合は、投資効率が重要視されているのに、ODAの場合は、そうした点について配慮が見えない。

援助は国民の血税にほかならない。だが現実には、ODAが何のため、誰のためなのかがほとんど見えてこない。中国から返ってくるのは、感謝の声ではなく、最近など「日本は反省が足りない」という声ばかりだった。理由のひとつが中国政府が援助を国民に知らせないというのだから、言葉が出ない。

2000年に来日した朱首相も援助に感謝すると発言しているが、人民日報には、発言のこの部分は掲載されていない。しょせんは、日本向けの演出だと酷評されてもやむをえまい。

ODAを「軍事力をもたない唯一の外交カード」（外務省）だというのなら、中国国内で、日本の援助をもっと本格的に広報すべく、働きかけるべきではないのか。このあたりになるとはなはだ心もとないのが現実である。具体的な例をあげたい。

北京空港の改造増設の費用として、日本の円借款が400億円供与されている。これは建設資金の40％にあたる数字だ。最近、空港内の出国ゲートに、この事実について記したボードが設置されたという。だが、驚くことに、この費用は日本の国際協力事業団（JICA）が負担したものだった。中国側は関与していない。

日本人が、日本人の税金を使って、「日本が援助しているのですよ」と宣伝しているというのだ。思わず、笑い出したくなるような本当の話なのだ。

もう笑うしかない日本の無策

北京空港については、ウソのようなエピソードも耳にした。ある日本人ツアーが北京空港に降り立った。ほぼ全員が年金生活の老人たちだったらしい。おばあちゃんたちは、空港の豪華さに驚いた。

「すごい空港だねぇ。成田空港よりも上かもしれない」

「中国は金持ちだねぇ。発展しているね」

彼らはひとしきり感心しながら、もの珍しげに、周囲を見回していたという。

リムジンバスに乗り込んだおばあちゃんの一人が、みかんの皮を器用に剝《む》きながら、こう言った。

「これからはやっぱり中国だねぇ。日本の若い人たちは大変だ。かわいそうだね」

おばあちゃん一行が帰国の際に、出国ゲートに掲げられたJICAのボードを読んだかどうか、わたしは知らない。

だが、〝おばあちゃん〟に知っておいてほしいのは、「大変」で「かわいそう」な日本の若者たちの血税で、こんな現代的な北京空港が建設できたのだよ、という事実である。

北京空港の老婆を笑えない。たとえば上海。現代スタイルの摩天楼(ビル)が立ち並ぶ浦東新区。10年で相貌を変えたこの地域の国際空港も、日本からの円借款で建設され(400億円)、対岸の浦西地域にかかる高速道路も、日本の援助だった(資源ローン)。民間マネーではあったが、ヤオハンもアジア最大のデパートを建設している(現在は中国側の手に)。

やがて、2007年、海外投資融資資金(国際協力銀行)からの50億円を含めて日本企業が投資する1000億円の資金によって、森ビル・世界金融センタービルも姿を現わすはずだ。

また同時期、現在水面下で交渉中の北京・上海高速鉄道も日本の新幹線が受注して、なんらかの形の公的支援が行なわれるのかもしれない。そして、そんな日本のカネで厚化粧した浦東をみた日本人の中には、腰を抜かす人々も現われるのかもしれない。「これからは中国の時代だ」とため息をつきながら。

まだある。北京で発行されている日本向けPR誌「人民中国」に関する話である。

昨年春、この雑誌に日本からのODAに関する特集が掲載された。記事は日本の援助で、日本語を学習中の中国人青年たちが、日本のODAの現場を訪問したものだった。ここまではいい。だが、同誌によると、訪問の費用は全額日本のJICAの負担で、中国人青年を現場に案内して、「日本の援助を見学してもらった」(JICA)ものなのだという。先の北京空港のケースと同様に、広報にすら日本のカネを使っているのである。

中国人も知らないばかりか、援助した当事者の日本人も無知な中国援助。あまりのアホらしさに笑い出すのはわたしだけではないはずだ。読者も笑ってほしい。

そしてできれば、外務省の担当者も、ODA支援に関わった政治家も大声をあげて笑ってほしい。あなた方の愚かさかげんを感じ取ってもらうためにも。

いま見直すべきはODA4原則

対中国ODAに関して緊急になすべきことは、原則の確認である。カネを出すのなら、口も出す。これである。当然のことだろう。世の中にタダはないのである。

この場合、まず準拠すべきはODA大綱であり、ODA4原則である。あくまで平和目的に限定し、軍事的転用の可能性もあるものには一切出さない。民主化運動への目配りも、いま以上に大事になる。

外務省がこれからもアンタイド（ひもつきでない援助）の方針でいきたいというのなら、原則の確認が重要だろう。援助はいい。だがそれは戦略的な援助であり、政治性を持つ援助であるべきだろう。原則なきODA供与など存在しない。

昨年、9月小泉首相の北朝鮮訪問であきらかになった日本人拉致《らち》。

2003年4月、ジュネーブで開かれた国連の人権委員会で、北朝鮮の人権弾圧を非難する決議案が審議された。決議案には日本人拉致問題の解決をもうたっていた。

だが、委員会加盟の53カ国のうち、これに賛成したのは半分の28カ国にすぎなかった。

インド、パキスタンなど14ヵ国は棄権し、10ヵ国は反対にまわった。そのなかには、中国の名前もあった。

国民的な関心事である拉致問題の解決に、日本のODAはなんの役にもたっていなかったのである。日本政府は抗議の意思表示に援助カードをつかうべきだろう。

日本は中国との体制間のちがいにもかかわらず、人道的無償援助を実行していることは本書でも散々書いてきた。SARS対策にも2億5000万円の援助を実行している。だが、中国はといえば、史上最悪の人権弾圧・拉致に対しても、北朝鮮をとがめることはしなかった。

のちに小泉首相と会見した胡錦涛総書記が拉致問題について「同情」を示したのは、日本国内の世論動向を感じたせいだろう。

カネを出す以上は口も出す。ODAの外交カード代なしに、国民的理解を得られることはないはずである。

（この作品『中国ＯＤＡ　６兆円の闇』は、平成十三年六月、小社ノン・ブックから四六判で刊行された『日本の中国援助・ＯＤＡ』を改題し、大幅に加筆・修正したものです）

祥伝社黄金文庫

祥伝社黄金文庫　創刊のことば

「小さくとも輝く知性」――祥伝社黄金文庫はいつの時代にあっても、きらりと光る個性を主張していきます。

真に人間的な価値とは何か、を求めるノン・ブックシリーズの子どもとしてスタートした祥伝社文庫ノンフィクションは、創刊15年を機に、祥伝社黄金文庫として新たな出発をいたします。「豊かで深い知恵と勇気」「大いなる人生の楽しみ」を追求するのが新シリーズの目的です。小さい身なりでも堂々と前進していきます。

黄金文庫をご愛読いただき、ご意見ご希望を編集部までお寄せくださいますよう、お願いいたします。

平成12年(2000年)２月１日　　祥伝社黄金文庫　編集部

中国《ちゅうごく》ODA　6兆円《ちょうえん》の闇《やみ》　誰《だれ》のための、何《なん》のための「援助《えんじょ》」なのか!?

平成15年９月10日　初版第１刷発行

著者　青《あお》木《き》直《なお》人《と》
発行者　渡辺起知夫
発行所　祥《しょう》伝《でん》社《しゃ》
東京都千代田区神田神保町3-6-5
九段尚学ビル　〒101-8701
☎03(3265)2081(販売部)
☎03(3265)1084(編集部)
☎03(3265)3622(業務部)
印刷所　堀内印刷
製本所　明泉堂

ISBN4-396-31330-6 C0136

祥伝社のホームページ・http://www.shodensha.co.jp/